Introdução à

Sagrada Escritura

SÉRIE PRINCÍPIOS DE TEOLOGIA CATÓLICA

inter
saberes

Introdução à

Sagrada Escritura

Cristina Aleixo Simões

Rua Clara Vendramin, 58 . Mossunguê
CEP 81200-170 . Curitiba . PR . Brasil
Fone: (41) 2106-4170
www.intersaberes.com
editora@intersaberes.com

1ª edição, 2020.

Foi feito o depósito legal.

Dados Internacionais de Catalogação na Publicação (CIP)
(Câmara Brasileira do Livro, SP, Brasil)

Simões, Cristina Aleixo
Introdução à Sagrada Escritura/Cristina Aleixo Simões. Curitiba: InterSaberes, 2020. (Série Princípios de Teologia Católica)

Bibliografia.
ISBN 978-65-5517-792-3

1. Bíblia – Introduções I. Título. II. Série.

20-43344 CDD-220.61

Índices para catálogo sistemático:
1. Bíblia: Introduções 220.61
Cibele Maria Dias – Bibliotecária – CRB-8/9427

Sumário

Apresentação, 7
Como aproveitar ao máximo este livro, 11

1 O mundo bíblico, 17

1.1 O mundo bíblico e sua geografia, 20
1.2 O mundo bíblico e sua diversidade cultural, 25
1.3 A formação do povo da Bíblia, 36
1.4 A experiência de Israel com Deus, 40
1.5 O mundo bíblico e sua mensagem, 43

2 Bíblia: a Palavra de Deus em linguagem humana, 51

2.1 Bíblia: a Palavra de Deus revelada, 54
2.2 A Revelação na história humana, 65
2.3 As línguas do povo da Bíblia: hebraica, aramaica e grega, 67
2.4 Culturas que influenciaram o povo da Bíblia, 75

3 Um livro composto por muitos livros e seus autores, 85
3.1 O processo de construção do Antigo Testamento, 88
3.2 A memória e a escrita do Antigo Testamento, 94
3.3 O processo de construção do Novo Testamento, 102
3.4 A autoria dos textos bíblicos, 107
3.5 A importância da contextualização dos textos, 113

4 A transmissão da Palavra de Deus na história, 121
4.1 A dinâmica da transmissão da Palavra de Deus, 124
4.2 A tradição religiosa do povo de Israel, 128
4.3 A tradição religiosa no cristianismo, 132
4.4 A tradição no grupo apostólico, 136
4.5 Semelhanças e diferenças entre as tradições do Antigo e do Novo Testamentos, 141

5 O cânon da Sagrada Escritura, 149
5.1 As terminologias bíblicas, 152
5.2 O cânon do Antigo Testamento, 158
5.3 O cânon do Novo Testamento, 163
5.4 A inspiração bíblica, 171

6 Leitura e interpretação bíblica, 185
6.1 Leitura e releitura da Palavra de Deus, 189
6.2 O desenvolvimento da leitura bíblica na história cristã, 192
6.3 Métodos de leitura bíblica, 193
6.4 Abordagens de leitura bíblica, 202

Considerações finais, 225
Referências, 227
Bibliografia comentada, 233
Sobre a autora, 239

Apresentação

A introdução à Sagrada Escritura é uma importantíssima entrada aos estudos da teologia bíblica, por meio dos quais pode-se obter as bases para compreender a mensagem de Deus transmitida aos homens em linguagem humana.

A Bíblia é um dos livros mais lidos em todo o mundo, e há muitas pessoas interessadas em aprofundar o saber bíblico. Entretanto, é imprescindível a essa tarefa de conhecimento e aprimoramento traçar um caminho de estudo. Nesta obra, objetivamos fornecer a você, leitor, informações que servem de base para a compreensão da formação não apenas do Livro Sagrado, mas de tudo o que envolve a construção dele.

Pensando no título da obra, *Introdução à Sagrada Escritura*, provavelmente venha a sua mente o livro conhecido como *Bíblia*, a qual já é compreendida por aqueles que a leem como a Palavra de Deus revelada à humanidade. A palavra *bíblia*, todavia, remete também a uma coleção de livros, o que de fato ela é. O cânon cristão católico, por exemplo, é composto por 73 livros, e o cânon cristão protestante (evangélico) é composto por 66 livros. Essa coleção literária não foi constituída de uma só vez, mas é fruto de um trabalho em conjunto, de diversos escritores que viveram em diferentes tempos históricos e que em determinado momento foram inspirados a fixar na forma escrita a Revelação divina.

Escritura, Bíblia, livros, autores, inspiração... São muitas as possibilidades de associação ao tema Sagrada Escritura. Também se faz necessário, ao se iniciar um estudo sobre essa temática, considerar a Palavra de Deus revelada aos seres humanos como uma experiência que ocorreu no interior da história humana, tendo se concretizado no contexto de um povo específico, o povo de Israel. Refere-se, portanto, à história de um Deus que comunica sua presença e seu projeto para um povo, enquanto esse povo vai conhecendo Deus nos fatos da própria existência.

Podemos falar de um encontro que se constitui numa história de eleição de um povo, de aliança, de fidelidade, de promessas... E, mesmo quando perante a esse projeto de salvação o ser humano comete erros e não corresponde com fidelidade à Aliança, Deus nunca renuncia seu amor e seu propósito para a humanidade, até que a Revelação divina chega a sua plenitude em Jesus de Nazaré, o messias, aquele que concluiu uma nova e eterna Aliança.

A fim de expor todas estas realidades e fornecer a você um maior conhecimento da Sagrada Escritura, a seguir indicamos como este material está estruturado.

No Capítulo 1, apresentamos o contexto do mundo bíblico, o espaço geográfico onde se desenrolou a história da salvação e a importante diversidade cultural dos povos que circundavam Israel. Além disso, abordamos assuntos como a formação do povo de Israel, a experiência desse povo com Deus e a mensagem teológica inscrita na Sagrada Escritura.

No Capítulo 2, contemplamos a maneira como Deus se manifestou na história humana e a linguagem escolhida por ele para expressar sua Revelação. Ainda tratamos dos idiomas em que foram escritos os textos bíblicos, a cultura do povo de Israel e a influência que esse povo recebeu da cultura de outros povos.

No Capítulo 3, apresentamos a interessante temática da construção dos livros que compõem a Bíblia. Abordamos a autoria dos textos bíblicos e a variedade de formas de que os autores se utilizaram para transmitir a mensagem de Deus para o povo, concluindo com a importância da contextualização dos textos sagrados.

Em seguida, dedicamos o Capítulo 4 ao tema da transmissão da Palavra de Deus por meio da dinâmica da tradição religiosa. A tradição religiosa do povo de Israel e a do cristianismo completam essa etapa do nosso estudo, encerrado com a importante menção das semelhanças e diferenças entre as tradições do Antigo e do Novo Testamento.

No Capítulo 5, versamos sobre a história da formação do cânon bíblico, que passou por um processo longo e complexo até chegar à configuração atual. Ademais, especificamos as terminologias importantes para o estudo da Sagrada Escritura, abordamos o tema da inspiração e explicamos como ela se deu nos autores bíblicos.

Por fim, no Capítulo 6, discorremos sobre as diferentes possibilidades de leitura e interpretação bíblica. Comentamos brevemente o processo de desenvolvimento da leitura bíblica na história da Igreja, assim como acentuamos a importância de métodos científicos e abordagens modernas que auxiliam na aproximação da correta interpretação de um texto. Concluindo, oferecemos uma exposição sobre os riscos de se fazer uma leitura fundamentalista da Sagrada Escritura.

Alguns desses temas podem ser já conhecidos do estudante, outros não. Seja como for, a busca pelo conhecimento bíblico é válida não apenas para a vida do estudante de teologia. Acreditamos que um conhecimento mais profundo da Sagrada Escritura oferece ao mundo o que as demais ciências também oferecem: a possibilidade de transformá-lo num mundo melhor, mais humano. E se tratando de um assunto que toca a fé das pessoas, o conhecimento da Bíblia se torna, se ainda não for compreendido de tal maneira, libertador. É nosso desejo sincero que este material contribua com aquele bonito projeto de Deus para todos os seres humanos: a participação na vida divina.

Como aproveitar ao máximo este livro

Empregamos nesta obra recursos que visam enriquecer seu aprendizado, facilitar a compreensão dos conteúdos e tornar a leitura mais dinâmica. Conheça a seguir cada uma dessas ferramentas e saiba como elas estão distribuídas no decorrer deste livro para bem aproveitá-las.

A história da Revelação de Deus relatada nos textos bíblicos aconteceu num mundo muito diferente do que há atualmente, em uma região específica, num tempo histórico determinado, que também recebeu influência de muitos outros povos e, consequentemente, de suas culturas.

Quando se fala em mundo bíblico, faz-se referência a um território que se tornou o destino do povo eleito, depois da sua libertação do Egito, e do caminho que esse povo percorreu para chegar até essa região.

Introdução

Logo na abertura do capítulo, informamos os temas de estudo e os objetivos de aprendizagem que serão nele abrangidos, fazendo considerações preliminares sobre as temáticas em foco.

fidelidade a Deus nem o entendimento que nele está a verdadeira sabedoria, o que está expresso em Eclesiastes.

Considerando o Novo Testamento, podemos citar os Evangelhos Sinóticos, que, de fato, não são bibliografias ou narrativas históricas a respeito de Jesus de Nazaré, mas escritos carregados de intenção teológica por cada um dos autores, já interpretando os fatos ocorridos, o evento Jesus Cristo[12]. Esse fato não exclui que essas narrativas teológicas apresentem acontecimentos históricos.

Por fim, destacamos que esses são apenas alguns exemplos de como se configura a mensagem bíblica.

Assim, inseridos nessa dinâmica reveladora é que vamos compreendendo a mensagem teológica por trás dos fatos narrados. Importante é ter consciência que não são poucos os elementos que foram assimilados de outros povos, como, por exemplo, a sabedoria egípcia, assim como alguns elementos da religião persa e outros. O que difere a compreensão de Israel de todas essas outras nações, mesmo que o povo de Deus tenha assimilado componentes estrangeiros, é a experiência com Yahweh, a progressão teológica que o conhecimento do Deus da vida dá a todas essas realidades.

Síntese

Neste primeiro capítulo apresentamos o mundo bíblico e suas importantes características. Demonstramos que toda a história da Revelação se desenrolou em um espaço geográfico determinado e no seio de um povo específico.

No território que foi berço de antigas civilizações, ocorreu a experiência de um povo com Deus. A pequena faixa de terra, tão disputada por grandes impérios ou conflitos entre nações, é a Terra Prometida à Israel.

12 Para aprofundar esse assunto, sugerimos a leitura de Simões (2017)

Síntese

Ao final de cada capítulo, relacionamos as principais informações nele abordadas a fim de que você avalie as conclusões a que chegou, confirmando-as ou redefinindo-as.

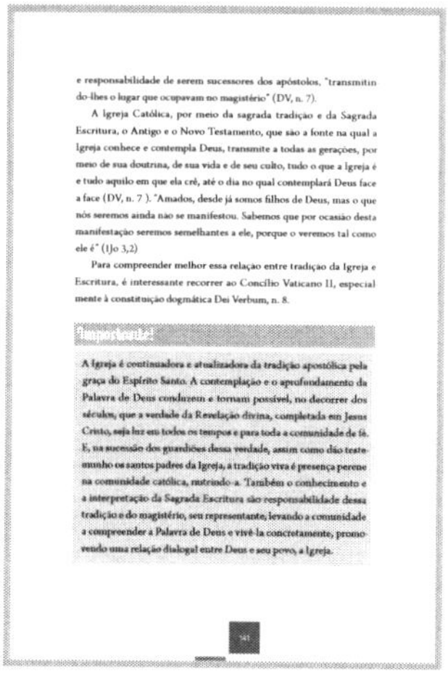

e responsabilidade de serem sucessores dos apóstolos, "transmitindo-lhes o lugar que ocupavam no magistério" (DV, n. 7).

A Igreja Católica, por meio da sagrada tradição e da Sagrada Escritura, o Antigo e o Novo Testamento, que são a fonte na qual a Igreja conhece e contempla Deus, transmite a todas as gerações, por meio de sua doutrina, de sua vida e de seu culto, tudo o que a Igreja é e tudo aquilo em que ela crê, até o dia no qual contemplará Deus face a face (DV, n. 7). "Amados, desde já somos filhos de Deus, mas o que nós seremos ainda não se manifestou. Sabemos que por ocasião desta manifestação seremos semelhantes a ele, porque o veremos tal como ele é" (1Jo 3,2)

Para compreender melhor essa relação entre tradição da Igreja e Escritura, é interessante recorrer ao Concílio Vaticano II, especialmente à constituição dogmática Dei Verbum, n. 8.

Importante!

A Igreja é continuadora e atualizadora da tradição apostólica pela graça do Espírito Santo. A contemplação e o aprofundamento da Palavra de Deus conduzem e tornam possível, no decorrer dos séculos, que a verdade da Revelação divina, completada em Jesus Cristo, seja luz em todos os tempos e para toda a comunidade de fé. E, na sucessão dos guardiões dessa verdade, assim como dão testemunho os santos padres da Igreja, a tradição viva é presença perene na comunidade católica, nutrindo-a. Também o conhecimento e a interpretação da Sagrada Escritura são responsabilidade dessa tradição e do magistério, seu representante, levando a comunidade a compreender a Palavra de Deus e vivê-la concretamente, promovendo uma relação dialogal entre Deus e seu povo, a Igreja.

Importante!

Algumas das informações centrais para a compreensão da obra aparecem nesta seção. Aproveite para refletir sobre os conteúdos apresentados.

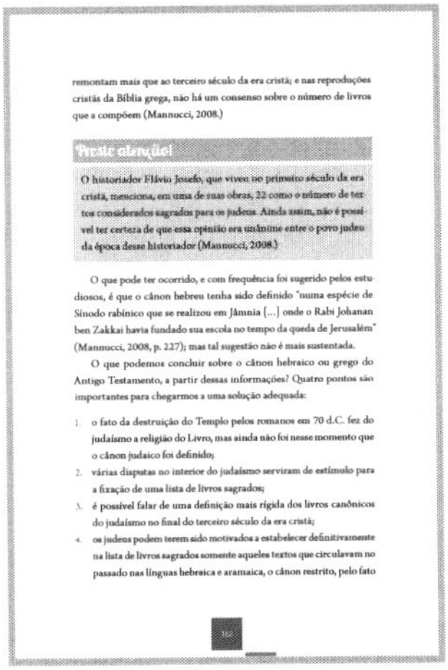
remontam mais que ao terceiro século da era cristã; e nas reproduções cristãs da Bíblia grega, não há um consenso sobre o número de livros que a compõem (Mannucci, 2008.)

Preste atenção!

O historiador Flávio Josefo, que viveu no primeiro século da era cristã, menciona, em uma de suas obras, 22 como o número de textos considerados sagrados para os judeus. Ainda assim, não é possível ter certeza de que essa opinião era unânime entre o povo judeu da época desse historiador (Mannucci, 2008.)

O que pode ter ocorrido, e com frequência foi sugerido pelos estudiosos, é que o cânon hebreu tenha sido definido "numa espécie de Sínodo rabínico que se realizou em Jâmnia [...] onde o Rabi Johanan ben Zakkai havia fundado sua escola no tempo da queda de Jerusalém" (Mannucci, 2008, p. 227); mas tal sugestão não é mais sustentada.

O que podemos concluir sobre o cânon hebraico ou grego do Antigo Testamento, a partir dessas informações? Quatro pontos são importantes para chegarmos a uma solução adequada:

1. o fato da destruição do Templo pelos romanos em 70 d.C. fez do judaísmo a religião do Livro, mas ainda não foi nesse momento que o cânon judaico foi definido;
2. várias disputas no interior do judaísmo serviram de estímulo para a fixação de uma lista de livros sagrados;
3. é possível falar de uma definição mais rígida dos livros canônicos do judaísmo no final do terceiro século da era cristã;
4. os judeus podem terem sido motivados a estabelecer definitivamente na lista de livros sagrados somente aqueles textos que circulavam no passado nas línguas hebraica e aramaica, o cânon restrito, pelo fato

Preste atenção!

Apresentamos informações complementares a respeito do assunto que está sendo tratado.

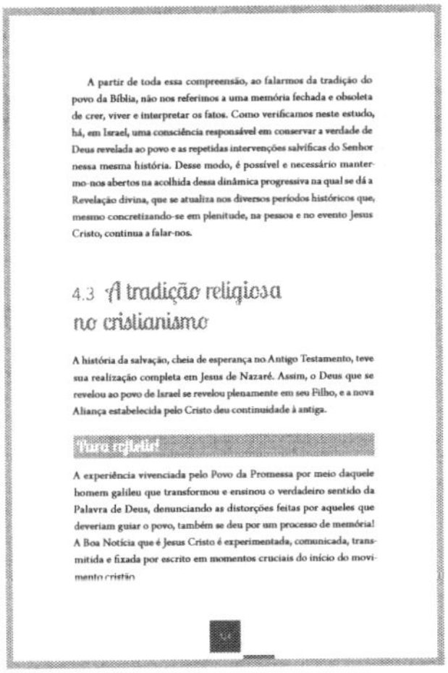
A partir de toda essa compreensão, ao falarmos da tradição do povo da Bíblia, não nos referimos a uma memória fechada e obsoleta de crer, viver e interpretar os fatos. Como verificamos neste estudo, há, em Israel, uma consciência responsável em conservar a verdade de Deus revelada ao povo e as repetidas intervenções salvíficas do Senhor nessa mesma história. Desse modo, é possível e necessário mantermo-nos abertos na acolhida dessa dinâmica progressiva na qual se dá a Revelação divina, que se atualiza nos diversos períodos históricos que, mesmo concretizando-se em plenitude, na pessoa e no evento Jesus Cristo, continua a falar-nos.

4.3 A tradição religiosa no cristianismo

A história da salvação, cheia de esperança no Antigo Testamento, teve sua realização completa em Jesus de Nazaré. Assim, o Deus que se revelou ao povo de Israel se revelou plenamente em seu Filho, e a nova Aliança estabelecida pelo Cristo deu continuidade à antiga.

Para refletir!

A experiência vivenciada pelo Povo da Promessa por meio daquele homem galileu que transformou e ensinou o verdadeiro sentido da Palavra de Deus, denunciando as distorções feitas por aqueles que deveriam guiar o povo, também se deu por um processo de memória! A Boa Notícia que é Jesus Cristo é experimentada, comunicada, transmitida e fixada por escrito em momentos cruciais do início do movimento cristão.

Para refletir

Aqui propomos reflexões dirigidas com base na leitura de excertos de obras dos principais autores comentados neste livro.

Explicamos que os livros que compõem o cânon do Antigo Testamento passaram por um processo histórico até sua definição como livros sagrados e que há diferenças na escolha dos livros que compõem a lista da Bíblia judaica e a lista da Bíblia grega, assim como há diferenças nos textos veterotestamentários que compõem o cânon católico e o evangélico.

Acrescentamos que essa questão da canonicidade dos textos foi igualmente complexa com o Novo Testamento e que, na Igreja Católica, a definição de todo cânon bíblico aconteceu solenemente, depois de muita discussão, apenas no Concílio de Trento – definição reafirmada posteriormente tanto pelo Concílio Vaticano I como pelo Concílio Vaticano II.

Enfim, clarificamos o que significa a expressão *inspiração bíblica*, a qual difere de *revelação*. Por Revelação se entende a manifestação de Deus como ato essencial, por meio da qual ele comunica a si próprio, quem ele de fato é e o mistério da sua vontade para o ser humano; a inspiração, por seu turno, tem a ver com a relação entre os seres humanos e Deus. Os autores sagrados são protagonistas escolhidos por Deus para a transmissão dessa Revelação em sua forma escrita. Desse modo, eles são inspirados pelo espírito de Deus para transmitir a mensagem divina.

Atividades de autoavaliação

Leia as afirmativas a seguir e marque V para aquelas verdadeiras e F para as falsas:

A religião cristã é a única que atribui a determinado texto a característica de *sagrado*.

Desde a antiga religião egípcia até hoje, há, ao menos, 18 religiões que conferem a algum de seus livros com o atributo de *sagrado*.

Atividades de autoavaliação

Apresentamos estas questões objetivas para que você verifique o grau de assimilação dos conceitos examinados, motivando-se a progredir em seus estudos.

Não admite o caráter histórico da Revelação, o que se torna um sério problema, pois essa postura a impossibilita de aceitar, de maneira plena, a verdade da encarnação.

As concepções já ultrapassadas aceitas pelo fundamentalismo, impedem qualquer diálogo entre ciência, cultura e fé.

Estão corretas as afirmações:

I, III e IV.

I, II e IV.

I, II, e III.

I e IV.

II, III e IV.

Atividades de aprendizagem

Ler a Sagrada Escritura é também escutá-la e reconhecer a autoridade da mensagem divina. É ter a possibilidade de entrar em diálogo com Deus, que comunica seu amor à humanidade. Em sua leitura da Bíblia, você percebe essa dinâmica do diálogo? E quanto à dimensão comunitária da Palavra de Deus? Você a compreende? E tem buscado promovê-la?

Após reler a seção 6.2, sobre o desenvolvimento da leitura bíblica na história cristã, reflita sobre as formas de se fazer uma leitura correta e sincera dos textos sagrados.

Com base nas informações apresentadas neste capítulo sobre a leitura fundamentalista da Bíblia e seus perigos, forneça exemplos desse tipo de leitura nas comunidades de que você participa.

Atividades de aprendizagem

Aqui apresentamos questões que aproximam conhecimentos teóricos e práticos a fim de que você analise criticamente determinado assunto.

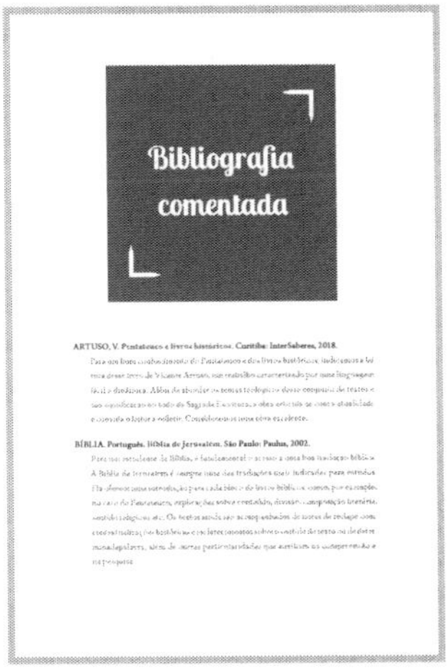

Bibliografia comentada

ARTUSO, V. Pentateuco e livros históricos. Curitiba: InterSaberes, 2018.

BÍBLIA. Português. Bíblia de Jerusalém. São Paulo: Paulus, 2002.

Bibliografia comentada

Nesta seção, comentamos algumas obras de referência para o estudo dos temas examinados ao longo do livro.

1
O mundo bíblico

A história da Revelação de Deus relatada nos textos bíblicos aconteceu num mundo muito diferente do que há atualmente, em uma região específica, num tempo histórico determinado, que também recebeu influência de muitos outros povos e, consequentemente, de suas culturas.

Quando se fala em mundo bíblico, faz-se referência a um território que se tornou o destino do povo eleito, depois da sua libertação do Egito, e do caminho que esse povo percorreu para chegar até essa região.

No decorrer deste capítulo, explicitaremos a importância da terra para o povo da Bíblia e dos conflitos que aconteceram na disputa pelo domínio da região. Além disso, clarificaremos os interesses relacionados a esse espaço geográfico, a exemplo do que acontece atualmente com tantos territórios que, de alguma forma, chamam a atenção dos poderes políticos e econômicos – caso dos territórios que possuem reservas de petróleo ou água, ou outra riqueza natural.

De fato, conhecer o cenário onde se desenvolveu a história do povo da Bíblia subsidia uma interpretação mais clara dos textos inspirados, e a beleza da Revelação se torna ainda mais fascinante. Aliás, esse conhecimento aproxima-nos do espaço e do contexto humano por meio do qual Deus se apresentou e mostrou a própria vontade para todo homem e toda mulher que ele criou.

1.1 O mundo bíblico e sua geografia

Para compreender melhor os textos bíblicos, como já mencionado, faz-se necessário conhecer mais sobre o território onde essa extraordinária história aconteceu, o lugar geográfico.

A região na qual teve início e se desenvolveu a história do povo de Israel é territorialmente pequena se comparada, por exemplo, ao Brasil. Trata-se de um território longo, mas estreito, que não chega a medir 100 quilômetros de largura e está localizado entre o Mar Mediterrâneo e os desertos da Síria e da Arábia. Entretanto, é notória a importância da região, pois, além de ter sido berço de várias civilizações, essa faixa de terra é também lugar de encontro de três grandes continentes: a Ásia, a África e a Europa (Bíblia, 2012).

No sul dessa região se encontrava o país de Canaã. Contudo, o primeiro nome que o local recebeu, ainda no segundo milênio antes da era cristã, foi *Retenu*. Atualmente, esse território corresponde à região de Israel e da Síria. Apenas a partir de 1500 a.C. o local ficou conhecido como *Canaã*, abarcando também a região da Fenícia. O nome de *Canaã* é para nós o mais conhecido e os habitantes desse lugar eram os cananeus, chamados também de *canaanitas*, mencionados no livro de Gênesis (Gn 12,6; 13,7)[1], e o nome *Canaã* é citado nos livros do Êxodo e dos Juízes (Ex 15,15; Jz 5,19).

Por volta do ano 1250 a.C., esse espaço geográfico também ficou conhecido pelo nome de *Palestina*, por causa dos *pelistin* ou filisteus, outro povo que ocupou a área. Contudo, não há um lugar nos textos bíblicos que utilize o nome *Palestina* para indicar essa região. Em verdade, foram os romanos, apenas em 132-135 d.C, que oficializaram a designação como *Palestina* para toda essa região, incluindo nela a Judeia (SAB, 2013).

De fato, a mudança de nomes da região está relacionada aos diferentes períodos históricos que a envolveram, assim como a mudanças históricas de limites territoriais.

Durante um pequeno período da história, o espaço geográfico ocupado pelo povo eleito foi separado em duas regiões. Devido à crise instaurada após a morte do Rei Salomão, o reino então se dividiu: a parte norte ficou conhecida como *Reino de Israel* e fixou como capital a cidade de Samaria – esse reino perdurou por aproximadamente 209 anos; a região sul foi designada como *Reino de Judá*, cuja capital era Jerusalém, e conseguiu manter-se, entre tantas disputas e guerras, por cerca de 334 anos, até que sofreu o exílio babilônico.

No primeiro livro de Samuel, está registrado que o território também ficou conhecido como *País de Israel* ou *Terra de Israel*: "Não havia

1 As citações bíblicas constantes neste capítulo foram extraídas de Bíblia (2004).

mais ferreiro em parte alguma de Israel porque os filisteus haviam dito: 'Importa impedir que os hebreus fabriquem espadas'" (1Sm 13,19).

Há ainda, carregados de sentido teológico, outros nomes, ou melhor, variadas expressões que se referem a essa mesma terra, conforme apresentamos a seguir, junto aos textos bíblicos em que são encontradas:

> Terra Santa; Herança profanada, Terra Prometida por Deus aos pais (cf. Gn 12,7; 13,14-17; 15,18; Ex 23,30.) [...] Era Terra santa, porque era lugar sagrado onde Deus se manifestava (Gn 21,16-17; Ex 3,5-6; Js 5,15). Israel é o santuário do senhor, porque é a terra de Deus (Is 14,2; Os 9,3). Se um israelita era expulso da terra não podia honrar a Deus (1Sm 26,19), como também o estrangeiro que quisesse honrar a Deus devia carregar um pouco da terra de Israel (2Rs 5,17). A terra de Israel é herança de Deus porque é propriedade de Deus dada por ele a seu povo (Js 22,19). Este devia se considerar estrangeiro, peregrino. [...] Podia usufruir dela, mas não era seu dono absoluto (Lv 25,23). [...] Herança Profana, porque a terra dada por Deus a Israel foi profanada pelos diversos tipos de impureza que a ocuparam. Por isso eles foram expulsos e ela foi entregue a Israel (Lv 18,24-28; Dt 21,22-23). (SAB, 2013, p. 29-30)

Durante o Império Romano, a região era chamada de *Judeia*. "Hoje, abrange o Estado de Israel, onde predomina a população judaica, e o Estado Palestino, onde se concentra a população palestina e árabe. A capital é Jerusalém" (Konings, 2000, p. 27).

É importante esclarecer que a posição geográfica de Canaã, área para a qual o povo do Êxodo se dirigiu, pois era a terra da promessa de Deus para seu povo, chamava atenção porque estava situada num espaço denominado *Crescente Fértil* – região em formato de meia-lua, ligava a Mesopotâmia e o Egito. Por essa razão, Israel era um corredor de passagem extremamente disputado pelos grandes impérios na sucessão dos séculos de sua história.

O nome *Crescente Fértil* se deve aos relevantes rios que se encontram na Mesopotâmia, o Rio Tigre e o Rio Eufrates; no Egito, o Rio Nilo; e, em Israel, o Rio Jordão.

Figura 1.1 – O Crescente Fértil

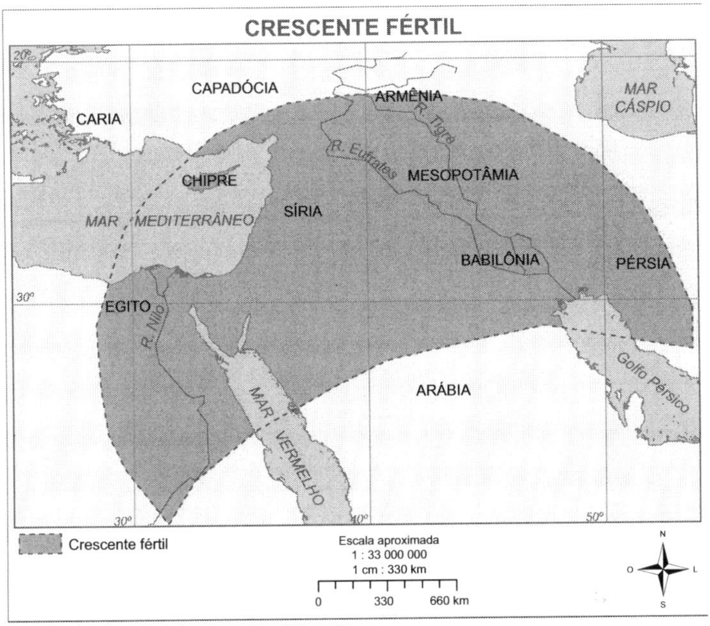

Fonte: Atlas da História do Mundo: National Geographic, 2004. Adaptado.
Base cartográfica: IBGE (2005).

Conforme Echergary (2000), o Egito, poderoso império da Antiguidade, e muitos outros impérios, como o dos hititas, dos assírios, dos babilônios, dos persas e outros, tinham essa região como lugar de passagem. As rotas de comunicação de maior importância compunham o caminho do mar, ou *via maris*, mencionado no livro de Isaías, "Como no passado ele menosprezou a terra de Zabulon e a terra de Neftali, assim no tempo vindouro cobrirá de glória o caminho do mar [...] (Is 9,1); chamado também de *caminho dos filisteus*, mencionado no contexto da saída do povo do Egito: "Ora, quando o Faraó deixou o povo partir, Deus não fez ir pelo caminho no país dos filisteus, apesar de ser mais perto" (Ex 13,17); e o caminho do rei, outra rota de extrema importância, à qual faz referência o livro dos Números: "Seguiremos a estrada batida; se bebermos da tua água, eu e os meus animais, pagar-te-ei o preço. Basta que me deixes passar a pé" (Nm 20,19).

Fica evidenciado, então, que a terra do povo eleito estava localizada em um território muito disputado. Em tal região, teve início a história de Abraão, o grande patriarca e pai na fé do povo de Deus. Na Bíblia, conta-se que Abraão e sua família ocuparam, a princípio, dois lugares: Ur e Harã. Os estudiosos Brown e North (2011) descrevem a posição dessas áreas da seguinte maneira: as localidades mais antigas identificadas na Bíblia estão ligadas a Abraão. No livro do Gênesis (Gn 11,31) são citadas Ur e Harã. A primeira está ao sul e a segunda está ao norte de um extenso arco delineado pelo vale do Rio Eufrates. Podemos desenhar, completando o arco, seguindo de Harã em direção à costa da Síria e, depois, continuando o traçado para o sul, chegando ao Egito. Assim, o resultado é um desenho em forma crescente e com as extremidades repousando no Golfo Pérsico e no Golfo de Suez, e o centro passando ao longo da fronteira da atual Turquia. O nome *Crescente Fértil* se deve ao fato de a região coincidir "com uma franja de fontes de água que torna possível a produção de alimentos ao redor da extremidade de um vasto deserto" (Brown; North, 2011, p. 1181). Foi a presença dessas fontes de água que determinou as migrações, os centros sedentários, as explorações agrícolas e as importantes rotas de comércio, que eram utilizadas para transporte de alimentos de uma área de exportação a outra.

Nos vários períodos que sucederam a chegada do povo eleito à Terra Prometida, os limites territoriais de Israel passaram por várias mudanças: ora conquistavam mais espaço; ora eram diminuídos nos conflitos com outras nações ou modificados pelos impérios dominadores de cada época; também houve casos de parte dessa região ser perdida, como quando da conquista da Samaria. Assim, a geografia de Israel reflete alegrias e sofrimentos pelos quais a região passou no decorrer da história. Por exemplo, no período dos juízes, a extensão das terras de Israel compreendia a região que, atualmente, abrange o Estado de Israel, uma parte da Síria e uma parte da Jordânia. Entretanto, no tempo de Jesus, sob o domínio do Rei Herodes, a região era bem reduzida, compreendendo um conjunto de territórios formados por Galileia, Samaria, Itureia, Idumeia e uma pequena região que restou da Judeia (SAB, 2013).

Portanto, a posição geográfica das terras onde se desenvolveu a história da salvação, mais especificamente a região de Canaã, a constituiu centro importante de todo o mundo conhecido por muito tempo na história, desde Abraão até o Império Grego.

Da mesma maneira, a localização da terra do povo da Bíblia, juntamente à história de outras nações e grandes impérios no decorrer dos séculos, possibilitou certa aproximação, conhecimento e, por vezes, influência religiosa de outras culturas. Dedicaremos a próxima seção a esse assunto.

1.2 O mundo bíblico e sua diversidade cultural

Os povos vizinhos a Israel influenciaram profundamente a história do povo da Bíblia. A localização estratégica da Terra Prometida possibilitou um significativo intercâmbio de ideias, assim como de culturas e religiões. Entretanto, também foi causa de frequentes conflitos.

Quando o Egito, a Mesopotâmia e outras nações se levantavam para se tornar grandes impérios na sucessão dos séculos, estendiam seu domínio sobre o mundo antigo e, consequentemente, desempenhavam um papel decisivo na vida dos povos dominados.

A Mesopotâmia foi o berço das grandes civilizações: sumérios, acádios e amorreus foram os povos que deram origem aos impérios babilônio e sírio.

O Egito sempre esteve muito próximo da vida do povo da Bíblia. Lá o povo hebreu foi oprimido e viveu a experiência de libertação pela ação de seu Deus, sob a mediação de Moisés – experiência fundante na vida do povo de Israel.

Contudo, não foram apenas os grandes impérios que influenciaram a história de Israel; também as várias nações vizinhas exerceram influência nesse território.

1.2.1 Povos semitas

Os povos que viviam ao redor da terra de Israel eram chamados também de *nações*, ou de *gentes*, expressão da qual deriva o termo *gentio* (Konings, 2000), palavra bastante encontrada nos livros de estudos bíblicos.

Saber distinguir os povos semitas, ou semíticos, na Antiguidade era uma tarefa um tanto complexa. Isso porque naquele tempo não existiam fronteiras ou limites nacionais como hoje, de maneira que os povos semitas se movimentavam por toda a região. Essa população, por vezes, ficou conhecida como *amorreus*, outras vezes, por *cananeus*. Na região mais ao norte, eram chamados de *fenícios*. Então, como era possível diferenciar os povos? A distinção ficava por conta de localização, diversidade cultural consequente da organização econômica e social de cada povo.

Muitos desses povos semitas alcançaram um elevado nível cultural. Os cananeus, por exemplo, praticavam uma religião de caráter sedentário (Konings, 2000). Entretanto, as práticas desse povo eram consideradas abomináveis para o povo eleito, pois elas compreendiam, além de sacrifícios humanos, rituais que envolviam práticas sexuais. O povo cananeu venerava divindades locais, deuses da fertilidade conhecidos como *baais* ou *baal,* no singular, que significa "senhor" ou "marido" ou, ainda, "rei" (Konings, 2000).

Os textos bíblicos mencionam, no livro do Êxodo, os hebreus, povo semita: "Os 'Filhos de Israel' são tradicionalmente identificados com os hebreus. A Bíblia fala dos hebreus principalmente na narrativa de sua estada no Egito e do êxodo subsequente, por volta de 1300-1200 a.C. O termo seria derivado de *hapîru* e significaria algo como migrantes ou nômades" (Konings, 2000, p. 30).

Esse é o nome empregado nos textos bíblicos para designar o povo que estava vivendo sob forte opressão no Egito, diante da qual Deus vê o sofrimento e escuta o clamor de seu povo, então desce a fim de libertá-lo. Desse modo, a grande característica que diferencia os hebreus dos demais povos semitas é a fé, ou seja, a religião própria dos hebreus que acredita num Deus único – um Deus que, em sua individualidade, se afeiçoa a um pastor, outras vezes a um guerreiro e, em outras, é migrante, assim como seu povo.

Os **filhos de Israel** são a origem das doze 12 tribos de Israel e compreendiam dois grupos: um deles originário da Síria, mais especificamente da região nordeste, e outro saído das fronteiras com o Egito, no sul. A consequência direta dessa diferença estava no estilo de vida de cada um deles. Enquanto o povo do sul vivia de forma nômade e se ocupava do pastoreio; o grupo originário do norte vivia de maneira sedentária, de ocupação agrícola. Ambos eram opositores das cidades-Estado cananeias (Konings, 2000)[2].

---

2 Sobre a constituição do povo da Bíblia considerando-se sua perspectiva histórica, você pode pesquisar a obra de Catenassi (2018).

Há muitos outros povos semitas mencionados na Sagrada Escritura; alguns eram considerados parentes próximos ou mais distantes do povo eleito, como os edomitas, os moabitas, os amonitas e os amalecitas.

Aos árabes, chamados também de *ismaelitas*, é atribuído um sentimento parecido ao dos povos **parentes** de Israel, considerando que são igualmente descendentes do patriarca Abraão, filhos de Agar (Gn 16; 21,8-20). Apesar da considerada descendência, os ismaelitas não gozam do mesmo direito que Israel, por causa de sua origem: eram filhos da escrava. A mesma compreensão se aplica aos edomitas, identificados com Esaú, que perdeu o direito de primogenitura para Jacó (cf. Gn 25,29-34; 27,1-45). Compreendendo-se, portanto, em superioridade em relação a esses povos, o povo de Israel julgava ter direito de dominação e o exerceu por diversas vezes, segundo os relatos bíblicos.

Os arameus também foram admitidos como vinculados ao povo de Israel. Aram é citado como sobrinho de Abraão no livro do Gênesis (Gn 22,21). São eles os sírios, mencionados, por exemplo, nos textos proféticos no contexto da guerra siro-efraemita, que tinham como capital a cidade de Damasco. Na região da Babilônia, mais ao sul da Mesopotâmia, são conhecidos como *caldeus*. Influenciadores da língua dos impérios babilônio e persa, o caldeu, conhecido também como *aramaico*, tornou-se a língua das relações administrativa e comercial da época por muito tempo no Oriente Médio, chegando ao tempo de Jesus. O aramaico era falado na Palestina no início da era cristã (Konings, 2000).

Podemos citar, ainda, os elamitas, povo semita do Golfo Pérsico; os madianitas, talvez influenciadores do monoteísmo hebreu; e os nabateus, que tinham como capital a cidade de Petra. Estes dois últimos eram moradores das regiões da Arábia e do Sinai. Na seção a seguir, trataremos dos povos de cultura não semita.

1.2.2 Israel e os povos de cultura não semita

Primeiramente, devemos esclarecer que existia entre os povos semitas e os de origem não semita uma enorme distância cultural. É possível percebê-la facilmente quando se consideram os egípcios, os persas e os gregos, por exemplo. Havia entre esses grandes grupos humanos muitas diferenças na compreensão de si mesmos, das religiões e das filosofias.

Além dos grandes impérios, podemos citar os culchitas, ou núbios, que viviam na região sul do Egito. Do povo culchita vieram alguns dos faraós, por exemplo (Konings, 2000).

Também estão entre os povos não semitas os hititas ou heteus, povo indo-europeu que se fixou na Ásia Menor num período anterior a 2000 a.C. (Mckenzie, 1983). O ápice da influência do povo hitita aconteceu entre 1600 e 1300 a.C. Como consequência da batalha de Cades, em 1286 a.C., esse povo passou a partilhar o controle de Canaã com os egípcios.

Preste atenção!

Os filisteus, do qual se originou o nome *Palestina*, eram conhecidos também como *povos do mar*, pois tiveram origem nas ilhas localizadas no Mediterrâneo e levaram consigo a tecnologia do ferro, o que proporcionou grande vantagem para eles em muitas batalhas. A primeira vez na história em que aparece o nome *filisteu* está relacionada ao Faraó egípcio Ramsés III (1196-1165 a.C.) (Mckenzie, 1983).

A aventura filisteia parece ter início com uma invasão ao Egito, cujo resultado é desconhecido. O que se sabe é que depois os filisteus foram expulsos e fixaram-se na região costeira da Palestina (Mckenzie, 1983). Esse grupo entrou muitas vezes em conflito com o povo de Israel, quando este se estabeleceu na terra de Canaã. O famoso filisteu Golias é lembrado nas narrativas bíblicas, derrotado por Davi (cf. 1Sm 17). O relato exprime o quão grande e forte era o povo filisteu. São várias as conquistas dos filisteus mencionadas em outros livros bíblicos: como na história do herói Sansão (Jz 13-13); além disso, foram também protagonistas do roubo da Arca da Aliança, narrado no primeiro livro de Samuel (cf. 1Sm 5-6). Realizaram vários ataques militares contra Israel, destacando-se a figura de Saul (1Sm 13-14).

Enfim, os dois livros de Samuel relatam muitas situações nas quais estavam presentes os filisteus. O povo do mar resistiu por muito tempo na costa da Palestina, até a chegada da civilização grega e o processo de helenização. Neste período, já se aproximando da era cristã, por volta do ano 300 a.C., os filisteus se abriram à influência da cultura e da herança espiritual grega, perdendo, por completo, sua identidade como povo (Lohse, 2004).

Podemos, ainda, mencionar os medos, povo indo-europeu que se uniu aos neobabilônios contra o Império Assírio, no ano de 612 a.C. Posteriormente, foram incorporados ao reino persa, sob o domínio de Ciro, em 549 a.C. Konings (2000) informa que os magos mencionados nas narrativas da infância de Jesus no Evangelho segundo Mateus (Mt 2,1) pertenciam a uma tribo dos medos.

Ainda no grupo dos povos não semitas estão os gregos, os cipriotas e os cretenses, povos que habitavam as ilhas do Mediterrâneo antes da invasão de Alexandre Magno (Konings, 2000).

1.2.3 Israel e os grandes impérios

Para tratar da história do povo da Bíblia, é indispensável citar os grandes reinos que se sucederam no decorrer dos séculos. Afinal, os grandes impérios do Oriente antigo submeteram Israel diversas vezes e por muito tempo ao longo da história. A própria constituição do povo tem origem em sua história de libertação da opressão causada pelo Império Egípcio, situação relatada do livro do Êxodo. Portanto, para compreender as narrativas da Sagrada Escritura, é imprescindível o conhecimento da trajetória desses impérios – assunto que trataremos brevemente, visto que este é um material de introdução à Bíblia.

O Egito foi um grande império na Antiguidade e deixou seu registro na história de várias maneiras. Entre 1500 e 1070 a.C., os faraós do Egito controlavam uma grande região semita que abarcava Canaã, Fenícia e Síria. O êxodo dos hebreus está situado nesse período, no século XIII a.C., sob Ramsés II. Aliás, o povo de Deus deve "a consciência de sua unidade nacional basicamente às experiências que alguns deles tiveram dentro do Egito" (Brown; North, 2011, p. 1184).

Porém, assim como os grandes impérios alcançavam o apogeu durante grandes ou pequenos períodos, encontravam, igualmente, o declínio, em consequência de fatores internos ou externos ao próprio governo. Na sucessão dos séculos, a influência egípcia foi diminuindo e seu poder se resumiu a invasões esporádicas na terra de Canaã com o objetivo, por exemplo, de enfrentar os assírios, que viriam a formar o grande império seguinte.

Dado importante foi a marca deixada em Israel pela influência cultural dos egípcios, tanto na tecnologia, por meio da agrimensura, como no campo literário e filosófico da sabedoria.

A Assíria ganhou destaque de 1500 a 1100 a.C., passou por um período de decadência que perdurou 200 anos e ocupou novamente espaço de dominação no quadro internacional por volta de 900 a.C. O poder assírio, nessa fase, se impôs tanto sobre o Egito como à terra de Canaã. Uma sequência de reis fortes na dinastia assíria marcou presença no cenário relacionado à história bíblica. Foi a Assíria que, em 722-721 a.C., avançou contra o Reino do Norte, o sitiou por três anos e destruiu a capital, Samaria, levando deportados os israelitas e levando para esse território cinco povos estrangeiros, com o intuito de impedir a reconstrução do povo, forma em que se baseava a política de conquista assíria.

Contudo, o grande Império Assírio vivenciou sua decadência a partir de 625 a.C., quando a Babilônia se tornou então o grande império da vez. Em 612 a.C., Nínive, capital assíria, teve sua queda, restando apenas a lembrança de um poder imperialista e cruel.

Em consequência dessa forma de domínio, o Reino do Norte nunca mais conseguiu se reerguer e originou o povo conhecido como *samaritano*. Judeus e samaritanos, por vários motivos e resultados dessa história, tornaram-se oponentes, inclusive no tema da fé. Contudo, os samaritanos estão no projeto de salvação de Deus: Jesus, em sua maneira de ensinar em parábolas, menciona a compaixão, não de um judeu, mas de um samaritano (Lc 10,29-37); no Evangelho segundo João também há um profundo e belo diálogo entre Jesus e uma mulher samaritana que tinha cinco maridos (Jo 4), uma alusão aos povos que foram deslocados para repovoar a região.

A Babilônia que, sob Nabucodonosor, alcançou o auge de 605 a 562 a.C., foi o grande império que conquistou o Reino do Sul, destruiu a capital Jerusalém e o Templo, em 587 a.C., levando o Rei Joaquim e parte do povo de Israel para o exílio. Segundo o estudioso Konings (2000, p. 35), os babilônios levaram ao exílio a "Elite de Jerusalém", com a finalidade de impedir qualquer reconstrução ou resistência. Esse fato histórico se constituiu num profundo impacto para o povo eleito. O modo como o povo exilado conseguiu se sustentar e superar esse período, o mais frustrante de sua história, aconteceu sob a ótica de fé. A identidade do povo foi mantida graças à observância do sábado e da prática da circuncisão, sinais por meio dos quais tinha consciência constante da sua eleição como povo de Deus (Lohse, 2004).

Importante!

O povo de Israel se baseou também na influência babilônica para contar algumas das próprias histórias, como a das origens. Sabe-se hoje que tanto a epopeia de Gilgamesh[3] como o código de Hamurábi[4] exerceram grande influência nas narrativas bíblicas.

Entretanto, a experiência que o povo fez de Yahweh[5] levou a teologia do povo eleito a superar a cultura babilônica e perceber a diferença entre seu Deus, criador de todas as coisas, e as divindades estrangeiras[6]. Os babilônicos eram conhecidos também como *caldeus*, e seu idioma, o aramaico, tornou-se a língua franca do Oriente Médio (Konings, 2000). Apesar de todo o sentimento de derrota e dor que marcou o coração de Israel, o povo, durante o período em que esteve exilado, nutriu a esperança e a fé no seu retorno, expressão que aparece no capítulo 37 do livro do profeta Ezequiel.

Em 539 a.C., o Rei Ciro venceu os babilônios, dando início ao domínio dos persas. Com uma estratégia de administração descentralizada,

3 Antiga composição literária de origem suméria que apresenta uma cosmogonia.

4 Antigo código de leis mesopotâmio.

5 Adotamos nesta obra essa grafia para o nome hebraico do Deus bíblico, que corresponde à vocalização do tetragrama YHWH. Algumas variantes latinizadas do nome do Deus de Israel são Javé e Jeová. Em citações diretas de textos bíblicos ou de estudiosos da área, aparecerá também a grafia Iahweh.

6 É a experiência de libertação de Deus que tirou o povo de uma vida de opressão e o conduziu para uma vida digna e fraterna que define a comunidade israelita. A presença divina sempre esteve em Israel como força libertadora e salvadora que dirige a história do povo.

alicerçada na colaboração dos povos subordinados, a Pérsia manteve-se no poder por vários séculos e assumiu, até mesmo, a língua dos povos a ela submissos, o aramaico, mantendo "intensos contatos administrativos e comerciais com o povo judeu" (Konings, 2000, p. 36). Foi a política de tolerância persa que promoveu o retornou do povo judeu do exílio. Assim, Israel pôde retornar e reconstruir a Cidade Santa, o Templo e a própria identidade religiosa. Isso, porém, não significava que o Império Persa fosse assim tão benevolente; essa era uma forma de manter, com essa postura, os próprios interesses.

Então, os gregos assumiram o cenário imperial, derrotando os persas. Em 490 a.C., Alexandre Magno conquistou a Grécia inteira, além dos impérios da Mesopotâmia e do Egito. Em 330 a.C., ele conquistou também a Palestina. Teve início uma política de helenização dos povos conquistados e Alexandria passou a ser a grande capital do helenismo. O povo de Israel sofreu a influência da cultura helênica tanto na diáspora quanto na Palestina. No século II a.C., como consequência de várias situações impostas pela dominação grega, aconteceu a insurreição conhecida como a *Revolta dos Macabeus*, narrada nos livros 1 e 2 de Macabeus. Nesse contexto difícil para Israel, foi necessário manter a fé diante de tantas novidades inseridas pela forma de vida e pelo intelecto gregos. Os povos dominados deveriam assumir a língua grega, e aqueles que não a usassem eram chamados de *bárbaros* (Lohse, 2004). Os textos referentes a esse período mencionam tais dificuldades, como o livro do Eclesiástico. A consciência de sua eleição, o culto que acontecia de acordo com a Lei mosaica e as Escrituras na língua hebraica foram fatores que mantiveram viva a fé do povo da Bíblia diante do grandioso impacto da dominação grega (Lohse, 2004).

Na sequência foi a vez dos romanos, que, com a propaganda de paz promovida pela força de suas legiões, iniciou a expansão dentro e fora da Itália no século III a.C., estendendo-se também sobre a Palestina em 63 a.C. A política romana pesou sobre os judeus. Roma manteve a cultura grega entre os povos conquistados, porém, reforçou a centralidade e a força do Estado romano. Os textos bíblicos relatam a difícil situação, por exemplo, na conivência dos judeus com o Rei Herodes e, depois, com a presença dos procuradores romanos, como foi o caso de Pôncio Pilatos. O império precisava controlar os dominados até que a situação se tornou insustentável.

Em 66 d.C. explodiu a guerra judaica, que perdurou até 73 d.C. No ápice desse conflito está a destruição do Templo de Jerusalém, no ano 70 d.C. Jerusalém foi sitiada e os zelotas, refugiados na fortaleza de Massada, realizaram um suicídio coletivo. Esse foi mais um momento doloroso na história do povo eleito.

Foi em meio a tantas crises e opressão que nasceu Jesus de Nazaré. Foi sob o Império Romano que Jesus amou e ensinou. Foi também nesse período que a Boa Nova do Reino de Deus foi anunciada e tomou forma escrita: os Evangelhos. A história menciona uma "segunda guerra judaica" (Konings, 2000, p. 37), datada no ano 135 d.C., pela qual também o povo conheceu a derrota e Jerusalém foi outra vez destruída.

Agora, com essa breve retomada histórica a respeito dos povos vizinhos, dos grandes impérios e o lugar de Israel nesse contexto, retornaremos à abordagem sobre a formação desse povo. É a maneira como o povo de Israel se constituiu, sua história com Deus, que fez e faz dele um povo cheio de esperança!

1.3 A formação do povo da Bíblia

Se considerada a cronologia das histórias bíblicas, a formação do povo de Israel tem início com a migração de Abraão e sua família. Os textos informam que o patriarca e os seus, saindo de Ur, se estabeleceram em Harã (Gn 11,31b), e depois em Canaã (Gn 12,5). Entretanto, em razão de um período de seca, eles se obrigaram a migrar para o Egito e lá se transformaram num povo muito numeroso, conhecido então como *povo hebreu*, nome equivalente a *hapîru*, como já mencionamos (Konings, 2000).

Os pais da fé judaica viveram no segundo milênio antes da era cristã. Os nomes de Abraão, Isaac e Jacó se sucedem nas origens do povo e são muito conhecidos pelos estudantes da Bíblia. São os 12 filhos de Jacó, também chamado de Israel, que dão nome às 12 tribos de Israel, que se estabeleceram em Canaã, depois do Êxodo e da caminhada pelo deserto, lugar de encontro com Deus.

Povo hebreu, de Israel, judeu... O povo eleito recebeu ao longo de seu processo de formação vários nomes e cada um deles predomina em determinado período de sua constituição. Contudo, "o nome que mais aparece na Bíblia é 'Israel' ou 'filhos de Israel' (Gn 35,10; 32,28-29; 46,5)" (SAB, 2012, p. 16). *Israel* surge como o nome conferido ao patriarca Jacó depois de ter lutado com Deus. Israel significa "Deus lutará", mas foi Jacó que saiu vitorioso nessa luta (Gn 32,25-30), a qual sublinha a perseverança dele em conquistar para si próprio a benção. À descendência de Jacó, agora Israel, foi transmitido o nome que significa também a luta do povo pela promessa de Deus: a benção da terra e a benção de uma descendência numerosa.

A história dos patriarcas aponta na direção do povo que foi obrigado, por causa de um período de seca, a descer ao Egito. Entretanto, foi nesse contexto registrado no livro do Êxodo que se constituiu o povo de Deus. Sob esse aspecto, Israel se compôs como povo no Egito (Ex 1,9). O texto bíblico informa que apenas a família de Jacó, formada por cerca de 70 pessoas, teria ido para o Egito e, de acordo com o texto bíblico, "de lá saiu uma grande multidão (Ex 12,37) rumo à terra de Canaã" (SAB, 2012, p. 35).

Todavia, no Egito, o povo vivia na condição de escravos e de imigrantes, totalmente dependentes do governo do faraó. Portanto, é inapropriado afirmar que, nessas condições, tenham se transformado numa grande nação. E como se explica, então, um povo tão numeroso e forte? Primeiro, temos de elucidar que o povo da Bíblia conta a própria história com base em sua experiência de Deus! E esse Deus é grandioso em suas ações. Assim, não poderia ser diferente o povo de Deus: é um povo grandioso, uma nação forte! Nessa ótica é que a história da origem do povo também é contada. "O povo da Bíblia não estava preocupado em provar os fatos. O que realmente aconteceu e como ocorreu não entra em discussão. Ela fala da experiência que o povo fez com Deus, como povo escolhido" (SAB, 2012, p. 35).

Na experiência do Deus libertador é que Israel se reconhece. Ela é o ápice de toda a história do povo eleito: sua formação a partir do processo do Êxodo, no qual Moisés conduziu o povo, antes escravizado pelo faraó egípcio, para a libertação e o cumprimento da promessa da terra feita aos patriarcas. O grande mediador entre Deus e o povo tinha nome egípcio: Moisés. Esse nome parece ter significado incompleto, pois falta nele o nome de alguma divindade: "filho de..." (Konings, 2000, p. 52). Sobre tal informação podemos refletir: Moisés cresceu na corte faraônica, tendo ali sido educado. Contudo, a história dele percorre caminhos diversos: a criança hebreia, tirada das águas e que cresceu na corte do faraó, descobriu-se pertencente ao povo sofrido e se colocou em defesa daquela nação (Ex 2,11-22); depois, em consequência de sua atitude junto aos próprios irmãos, Moisés se encontrou refugiado em uma terra estrangeira e lá se casou com uma mulher do reino árabe, da localidade de Madiã (Ex 2,11-22), tendo sido nesse período de distanciamento de sua nação, tanto paternal como de adoção, que Moisés recebeu sua vocação.

Segundo Konings (2000, p. 52), Moisés é um personagem de "personalidade extraordinária, certamente em termos culturais e religiosos". Seja como for, Moisés, nas narrativas bíblicas, foi o grande mediador entre Deus e o povo escravizado no Egito, os hebreus. Deus os escolheu como povo consagrado e estabeleceu uma Aliança que os uniu a ele, revelando seu nome. E esse é o ponto fundamental dessa história: o conhecimento do Deus que age e está com o povo, o Deus Yahweh. No momento em que revelou seu nome, Deus não o fez a partir de sua natureza, que é mistério, mas considerando sua ação que se realizou no meio do povo (Mannucci, 2008).

Assim, um grupo deixou o Egito, e liberto se colocou a caminho, sendo guiado por um mediador humano, porém, assistido sempre pelo poderoso Deus libertador. Então foi esse grupo de pessoas saídas do Egito que deu origem ao povo de Israel? Não exatamente apenas esse grupo. Durante o processo da caminhada no deserto, período de mais conhecimento da vontade divina para seu povo, quando este recebeu a Lei e vivia sob cuidado de Deus (Ex 13,21) até a chegada/conquista da Terra Prometida, outros grupos se uniram ao povo hebreu e, juntos, deram origem ao povo de Israel.

Os povos que habitavam a Terra Prometida viviam uma realidade muito parecida com a dos hebreus no Egito, pois também eram explorados e oprimidos pelo grande império do faraó. "A libertação maravilhosa da escravidão egípcia insere-se no contexto histórico mais amplo da revolta da população camponesa contra as cidades-estado da terra em Canaã" (Konings, 2000, p. 52). Devemos, aqui, lembrar do que expusemos na seção sobre os grandes impérios, os quais estendiam seu poder ao máximo de territórios que podiam.

A saída dos hebreus do Egito só foi concluída com a ocupação da Terra Prometida. E o Êxodo tornou-se símbolo para várias libertações de tantos outros grupos que se identificaram com o povo de Deus[7].

A beleza dessa história de união e constituição está exatamente na proposta que a experiência do Deus da vida e da libertação tinha para todos aqueles que quisessem aderir a esse povo. Tratava-se de uma experiência transformadora e pedagógica; *transformadora* porque tem uma proposta muito diferente do modelo de vida vivido no Egito, e *pedagógica* porque foi sendo ensinada e assimilada na própria vida, no dia a dia desse povo. Por isso, a religião de Israel deve aparecer na prática, no testemunho desse envolvimento com o Senhor. A fé no Deus da vida, que é interior, só tem sentido se é transmitida no exterior. Esse testemunho é que chama atenção e protege o povo de Israel da perda de sentido e da mistura com as demais nações. Israel tinha como dever ser um povo que se mantinha como sinal de Deus entre os outros povos. Por isso, igualmente, a constituição do povo da Bíblia é o conhecimento de uma divindade diferente de todas as outras conhecidas no mundo antigo.

Como já mencionamos, Deus cuida e caminha com seu povo. Deus fez história com Israel! O povo fez a experiência de Deus e a transmitiu pelos séculos de história. Dessa experiência trataremos a seguir.

7 Para uma leitura aprofundada sobre a complexa constituição de Israel como povo, leia a obra de Catenassi (2018).

1.4 A experiência de Israel com Deus

O povo da Bíblia nasceu da experiência com o Deus libertador! Desse modo, Israel é o povo de Yahweh e isso faz toda a diferença! São as tradições reunidas do Deus da promessa aos patriarcas, do Deus libertador por intermédio de Moisés e a experiência conjunta de quem, já vivendo na região de Canaã, igualmente em situação de opressão das cidades-Estado egípcias, que tomou forma, constituindo a identidade religiosa do povo e, consequentemente, dando origem aos filhos de Israel[8].

Enquanto os cananeus praticavam cultos à fertilidade, ritos que envolviam práticas sexuais e outros costumes inaceitáveis à fé de Israel, os israelitas fizeram uma experiência muito diferente: a de um Deus sensível à realidade humana! Essa divindade interferia na vida do povo e a enchia de sentido! Deus se revelou e, mais do que isso, ensinou a seus escolhidos e despertou neles a consciência da dignidade dessa nação. Em outras palavras, o conhecimento de Deus, por meio da experiência da Revelação, provocou "uma evolução da consciência da dignidade do ser humano" (Artuso; Catenassi, 2017, p. 15).

Vale aprofundarmos essa reflexão. Quando se estuda a Bíblia e se percebem as influências que Israel carrega consigo, aquelas que foram acolhidas de outros povos, nota-se que a história de Israel com o Deus libertador possibilitou uma reinterpretação da história humana, superando uma compreensão individualista e excludente, por uma compreensão de amor, fraternidade e igualdade. Israel conheceu um Deus do qual todo ser humano é "imagem e semelhança" (Gn 1,26). Tal entendimento

8 Não pretendemos aqui comentar o monoteísmo e seu processo de assimilação, o que requer um estudo aprofundado e complexo do tema. Nosso propósito é explicitar a singularidade do Deus de Israel.

permitiu que Israel se afastasse das teologias estrangeiras e desse um salto teológico na compreensão de Deus e na relação com ele.

Naquela que foi a experiência fundante do povo eleito, na narrativa bíblica do livro do Êxodo (Ex 3,7-11), apresenta-se um Deus que é capaz de perceber a miséria do povo, de ouvir o grito oprimido desse povo, de conhecer as angústias humanas e agir na história (descer, conforme Ex 3,7s) para entregar a esse povo aquilo que Deus mesmo é: libertação! Por isso, enfatizamos o que Mannucci (2008, p. 34) expressa muito bem como sendo a proposta de Deus aos seres humanos: Deus propõe a cada homem e mulher uma "comunhão de vida", que nas Escrituras Sagradas recebe o nome de *Aliança*.

Essa comunhão é aliança porque tem base no diálogo entre ser humano e ser divino. Assim, é uma experiência do Deus que fala, que propõe, que interpela... Interessante é a pergunta de Deus a Adão, e aqui fixamos nossa atenção. No contexto da falta de Adão, Deus pergunta: "Onde estás?" (Gn 3,9). Em oposição a um **Deus que está junto**, que caminha com o povo e se mostra sempre disponível, há um homem que se esconde e tem medo.

De fato, o mistério divino sempre impressionou o ser humano e o deixou intrigado. Entretanto, na caminhada do povo escolhido de Deus, progressivamente, o ser humano vai encontrando a si mesmo e seu destino único: a salvação! Embora tal destino requeira escolhas, ele sempre está ali, disponível.

Com a Revelação, Israel aprendeu duas características importantes de sua constituição como povo: primeiro, que Yahweh é o único Deus verdadeiro, não sendo permitido adorar a nenhum outro; segundo, que da constituição desse povo emerge uma grande e bonita missão, qual seja, levar essa Revelação a todas as nações (cf. Gn 12,3b; Jl 3,1a.5a; Mt 28,19; At 1,8; 15,16-17). Portanto, o povo eleito deve ser sinal entre todos os povos! E isso se dá na prática dessa relação, externada nas escolhas, no culto que integra a vida, no tratamento ao próximo.

Importante!

A Revelação envolve um conhecimento de Deus e, consequentemente, convida a refletir sobre a compreensão que o povo bíblico tem do que é conhecer a Deus. Segundo Mckenzie (1983, p. 1389), "no hebraico, 'conhecer a Deus' é encontrar uma realidade pessoal, e uma pessoa não é conhecida a menos que se conheça seu nome". Desse modo, o nome não tem apenas a função de distinguir uma pessoa de outra, mas de conferir ao indivíduo sua verdadeira identidade! Por isso, conhecer um nome é, de fato, conhecer aquela realidade mencionada.

E já que Deus se revelou, se deu a conhecer por meio da experiência histórica da manifestação de sua presença (Mannucci, 2008), tal experiência aponta para Yahweh como único Deus. Ou, melhor explicando, mesmo que os textos bíblicos mencionem outras divindades – os *elohim*, palavra que significa "deus" ou "deuses", no plural; "Iahweh é elohim de um modo pelo qual nenhum outro ser é" (Mckenzie, 1983, p. 1393).

Aliás, a unicidade do Deus de Israel é percebida pelo nome que é único, não sendo atribuído a nenhuma outra divindade; como também o relacionamento que ele estabelece com o povo, o da eleição e da aliança, não é compartilhado com qualquer outro povo. Ao dizer sim à Aliança proposta por Deus, o povo deve cumprir as condições impostas nessa eleição que é muito diferente das relações de outros povos com suas respectivas deidades.

A grande novidade está na radicalidade de se adorar a Yahweh e a nenhum outro deus além dele, algo que não se verificava entre os povos que circuncidavam Israel. Para estes, não havia problema algum em atribuir a diferentes deuses àquilo que o povo eleito entendia como proveniente de um único e poderoso Senhor. Havia entre os outros povos, crenças, por exemplo, em um deus que proporcionaria a chuva e a fertilidade, em divindades que protegeriam e definiriam a vitória na guerra ou que cuidariam ou regeriam as noites; também se acreditava em uma divindade que regeria o cosmos, acreditava-se até mesmo que os corpos celestes seriam divindades, sendo adorados e cultuados. Para os semitas do mundo antigo isso não constituía um problema; em verdade, era algo muito comum. Pensando nisso, podemos perceber que o povo de Israel rompeu drasticamente com tais padrões de culto. A certeza desse povo, então, era a de que não se devia pedir nada a qualquer divindade tampouco temê-la. Tais crenças perderam todo o significado diante da Revelação do Deus libertador e próximo!

1.5 O mundo bíblico e sua mensagem

A Sagrada Escritura é a memória de uma história na qual Deus se revela a um povo, o qual faz memória da Revelação e dos caminhos ensinados por Ele e garante que ela chega até os dias de hoje.

Assim, a Bíblia, uma coleção de livros de estilos diversos, mais do que narrar fatos históricos, transmite uma mensagem teológica. Claro que os textos bíblicos relatam fatos históricos, as experiências reais do povo de Israel. Entretanto, a Bíblia, ou, mais especificamente, cada livro que a compõe, não tem a função de apresentar a *história* no sentido moderno que essa palavra tem ou de servir como um material de informações ou comprovações científicas.

Cada um dos livros elaborados em contextos muito específicos, por diferentes autores, foi inicialmente produto de uma experiência vivida e, mais tarde, ganhou forma escrita. Esses livros passaram por várias redações até chegar a uma versão final para se tornar verdadeira mensagem divina, sagrada, capaz de libertar e transformar a vida de cada homem e mulher e os conduzir para aquela que é a finalidade última de cada pessoa. Desse modo, a Bíblia se constitui num livro teológico!

Para Konings (2000, p. 83), por exemplo, o Pentateuco[9] é o "portão de entrada da Bíblia", pois esse bloco consiste em uma grandiosa descrição teológica que tem início com o relato da origem do mundo e do ser humano. Igualmente, o Pentateuco narra a formação do povo de Deus e daquela experiência fundamental para sua constituição: o Êxodo do Egito. O Pentateuco abarca um conteúdo que é fundamental para o povo de Deus e ao qual a literatura bíblica recorre com frequência.

Os relatos constantes nos capítulos 1 a 11 do livro de Gênesis, considerados em seu gênero literário, são isentos de valor científico ou histórico, pois a grande característica desse livro é a da *antropologia teológica*. Além de oferecer as narrativas da Criação do mundo, esses textos inserem as pessoas na palavra eficaz de Deus, que cria, que gera[10].

Já os capítulos 12 a 50 de Gênesis retratam a vida dos patriarcas, os pais da fé do povo de Israel e dos cristãos. Eles são os portadores das promessas: a terra e a descendência (Gn 12,1-2). Além disso, tais relatos comunicam diversas significações e etiologias, que fornecem explicações quanto à Lei ou ao culto, como algumas das lendas que justificam certo costume de um povo. Assim, as narrativas vão conferindo a identidade de Israel.

9 Conjunto formado pelos primeiros cinco livros da Bíblia: Gênesis, Êxodo, Levítico, Números e Deuteronômio.

10 Indicamos para o estudo do Pentateuco a obra de Artuso (2018).

Além disso, no contexto dos patriarcas, encontra-se o importante tema da Aliança, e o último bloco do livro do Gênesis faz a conexão dos relatos com o êxodo hebreu, fundamento da história do povo de Israel.

Os livros de Êxodo, Levítico, Números e Deuteronômio expõem a realidade do Deus que liberta e faz caminho com o povo, dá as coordenadas para uma vida digna e plena, anunciando a Lei no Sinai[11]. Os temas da promessa e a Aliança, o evento referência para Israel, apresentados nesse bloco de livros, são centrais em toda a história do povo, perpassando todo o Antigo Testamento. Com o Decálogo, que se traduz numa vida ética e de "ordem religiosa" (Konings, 2000, p. 89), o povo de Israel sempre poderá lembrar da eleição, da primeira experiência com Deus.

Podemos mencionar ainda a literatura profética, que, junto à mensagem de anúncio e denúncia que proclamou, marcou o período monárquico de Israel. Tal mensagem recebeu tom de reconforto durante o exílio na Babilônia e de recomeço e ressignificação na volta dos exilados.

Os textos pós-exílicos (Crónicas 1 e 2, Esdras e Neemias) sublinham os grandes temas do Templo, do culto e da raça, assim como a idealização de um messias, o novo Davi. O propósito do período é retomar a identidade, buscar novamente o sentido da história e reconstruí-la, dando continuidade e conectando os fatos anteriores e posteriores ao exílio. Igualmente, ali se encontra a "ideia messiânica, na idealização do rei Davi" (Konings, 2000, p. 99), ainda que nesses livros essa ideia não seja tão representativa.

A sabedoria de Israel reflete e observa a vida, perscruta a mensagem de Deus no cotidiano e questiona teologias alienadoras e distorcidas legitimadas pelos sistemas, como é o caso do livro de Jó. Ou ainda, oferece um caminho para que diante de atraentes culturas não se perca a

11 Os Mandamentos que Deus deu a seu povo.

fidelidade a Deus nem o entendimento que nele está a verdadeira sabedoria, o que está expresso em Eclesiastes.

Considerando o Novo Testamento, podemos citar os Evangelhos Sinóticos, que, de fato, não são bibliografias ou narrativas históricas a respeito de Jesus de Nazaré, mas escritos carregados de intenção teológica por cada um dos autores, já interpretando os fatos ocorridos, o **evento Jesus Cristo**[12]. Esse fato não exclui que essas narrativas teológicas apresentem acontecimentos históricos.

Por fim, destacamos que esses são apenas alguns exemplos de como se configura a mensagem bíblica.

Assim, inseridos nessa dinâmica reveladora é que vamos compreendendo a mensagem teológica por trás dos fatos narrados. Importante é ter consciência que não são poucos os elementos que foram assimilados de outros povos, como, por exemplo, a sabedoria egípcia, assim como alguns elementos da religião persa e outros. O que difere a compreensão de Israel de todas essas outras nações, mesmo que o povo de Deus tenha assimilado componentes estrangeiros, é a experiência com Yahweh, a progressão teológica que o conhecimento do Deus da vida dá a todas essas realidades.

Síntese

Neste primeiro capítulo apresentamos o mundo bíblico e suas importantes características. Demonstramos que toda a história da Revelação se desenrolou em um espaço geográfico determinado e no seio de um povo específico.

No território que foi berço de antigas civilizações, ocorreu a experiência de um povo com Deus. A pequena faixa de terra, tão disputada por grandes impérios ou conflitos entre nações, é a Terra Prometida à Israel.

12 Para aprofundar esse assunto, sugerimos a leitura de Simões (2017).

Informamos que a localização estratégica da Terra Prometida possibilitou ao povo bíblico um grande intercâmbio de culturas e ideias, inclusive no âmbito das religiões, o que está registrado nos Escritos Sagrados. Além da assimilação cultural e religiosa, esse território foi a causa de frequentes conflitos. Ao longo de sua história, o povo escolhido esteve, em grande parte do tempo, submetido a grandes impérios. Contudo, entre a fé e as limitações, Israel buscou sempre retomar o caminho original.

Esclarecemos, ainda, que a constituição do povo da Bíblia está ligada à experiência religiosa, em primeiro lugar. Vida e fé caminham juntas e esta última dá significado à primeira. A origem de Israel está na experiência com o Deus libertador, que viu a condição de opressão em que se encontrava o povo hebreu, ouviu seu clamor e desceu, ou seja, tornou-se próximo e revelou a si próprio, deu a conhecer o próprio nome.

Toda essa bonita e verdadeira história é apresentada na Bíblia de um jeito muito especial. A Bíblia é um livro de fé! Seu conteúdo oferece uma teologia, uma mensagem que transforma e dá sentido à vida. Assim, aquele que a lê pode fazer memória da Revelação.

Atividades de autoavaliação

1. Sobre a região onde teve início a história de Israel, é correto afirmar que:
   a) tem grande importância por sua ampla extensão territorial.
   b) ao sul dessa região estava localizado o país de Canaã.
   c) está localizada entre o Mar mediterrâneo e o Mar Vermelho.
   d) é lugar de encontro entre três continentes: Ásia, África e América do Sul.
   e) Vivia nessa região um povo conhecido como *egípcios*.

2. Leia com atenção as seguintes afirmativas:
   I. A localização estratégica da Terra Prometida possibilitou um grande intercâmbio de ideias, assim como de culturas e religiões.
   II. A Babilônia sempre esteve muita próxima do povo da Bíblia. Foi lá que o povo hebreu foi oprimido e fez a experiência de libertação com seu Deus, pela mediação de Moisés.
   III. O Êxodo do Egito foi a experiência fundante do povo de Israel.

   Está(ão) correta(s) apenas a(s) afirmativa(s):
   a) III.
   b) I.
   c) I e II.
   d) I e III.
   e) II e III.

3. Para tratar da história do povo da Bíblia, é indispensável fazer referência aos grandes reinos que se sucederam no decorrer dos séculos. Afinal, os grandes impérios do Oriente antigo submeteram Israel diversas vezes e por muito tempo da história. A constituição desse povo tem origem na história de libertação da opressão causada por um desses impérios, situação relatada do livro do Êxodo. Qual foi esse grande império?
   a) Assírio.
   b) Romano.
   c) Babilônio.
   d) Egípcio.
   e) Macedônio.

4. Marque V para as alternativas verdadeiras e F para as alternativas falsas em relação à formação do povo da Bíblia:

( ) O povo eleito recebeu ao longo do seu processo de formação vários nomes: povo hebreu, povo de Israel, povo judeu. Cada um deles aparece em determinado período da constituição dessa nação.

( ) O povo da Bíblia narra sua formação como povo de acordo com os fatos ocorridos historicamente.

( ) A libertação da escravidão egípcia, que aconteceu de maneira prodigiosa, insere-se num contexto histórico muito mais amplo: o da revolta da população camponesa que vivia nas cidades-Estado de Canaã.

( ) A experiência do Êxodo tornou-se símbolo de várias libertações de diversos outros grupos que se identificaram com o povo de Deus.

Agora, assinale a alternativa que apresenta a sequência correta de preenchimento dos parênteses, de cima para baixo:

a) F, V, F, V.
b) V, F, V, F.
c) F, V, V, F.
d) V, F, V, V.
e) V, V, V, F.

5. Embora, em seu processo de formação, o povo da Bíblia tenha assimilado diversos elementos da cultura e da religião de outros povos, há uma experiência marcante que o difere de outras nações, conferindo-lhe conhecimento e progressão teológica em prol da vida e da dignidade humana. O fundamento para esse aspecto é:

a) a relação de Israel com outras nações.
b) o conhecimento do deus Baal.
c) a experiência com o Deus único.
d) a experiência com a cultura babilônica.
e) o contato com a religião assíria.

Atividades de aprendizagem

Questões para reflexão

1. Neste capítulo foi explicitada, na abordagem da história do povo de Israel, a importância e a influência de tantos outros povos e nações. Reflita e desenvolva uma síntese sobre o que esse conhecimento agrega a sua vida de fé.

2. A experiência de Israel com Deus proporcionou a marca de um Deus próximo e íntimo que estabeleceu uma aliança com o povo e se apresentou completamente diferente de tantas divindades antigas. Qual é a imagem de Deus que você guarda em si? No episódio fundante para o povo da Bíblia, Deus vê, ouve, sente, conhece as angústias do povo e vai ao encontro desse povo para libertá-lo e, por isso, revela o próprio nome e a própria identidade. Você vê coerência entre o Deus apresentado na experiência do povo da Bíblia e o Deus apresentado nas igrejas hoje?

Atividade aplicada: prática

1. Desenvolva uma pesquisa sobre a influência da religião e da cultura babilônica nas narrativas das origens, encontradas no livro do Gênesis, especialmente nos capítulos 2 e 3. Em seguida, elabore uma síntese de comparação entre essas narrativas antigas e os textos bíblicos que delas receberam influência.

2

Bíblia: a Palavra de Deus em linguagem humana

A Bíblia é a Palavra de Deus revelada que, no decorrer da história humana, "toma forma de escritura sagrada" (Artola, 2011, p. 23). Trata-se de uma Palavra viva e eficaz, ou seja, que, de fato, se realiza. E o lugar da concretização dessa Palavra não é alienado da vida do ser humano visto que acontece na história.

Deus se comunica e, ao se comunicar, manifesta tudo àquilo que ele é. Por isso, essa Palavra só pode ser amorosa e salvadora. Ao mesmo tempo é uma Palavra que interpela, provoca a escuta e, consequentemente, reivindica uma resposta.

Neste capítulo aprofundaremos nossa abordagem sobre a Revelação de Deus por meio da Palavra e buscaremos explicar como esta se manifestou. Assim, nos deteremos na linguagem da Palavra de Deus. Além disso, abordaremos o tema das línguas bíblicas, e mencionaremos as culturas estrangeiras que de alguma maneira influenciaram e contribuíram para a construção humana, sempre sob a inspiração da Sagrada Escritura.

2.1 Bíblia: a Palavra de Deus revelada

O cristianismo é uma religião do livro! A Bíblia contém e transmite aos fiéis a Revelação de Deus. Artola (2011, p. 23) explica que "todas as religiões do livro supõem em sua origem uma palavra revelada que, logo a seguir, toma forma de escritura sagrada".

Mas como compreender a Revelação? A Igreja, por meio do Concílio Vaticano II, na constituição dogmática *Dei Verbum*, sobre as verdades reveladas, afirma: "Pela revelação divina, Deus quis se manifestar e comunicar-se a si mesmo, e a seus decretos sobre a salvação dos seres humanos, 'chamando-os para participar dos bens divinos, que ultrapassam inteiramente a inteligência humana'" (DV, n. 6).

Desse modo, Deus, por sua vontade, quis comunicar a si mesmo a fim de proporcionar à humanidade a salvação e a participação na vida divina; em outros termos, Deus quis dar aos homens a oportunidade de comunhão com ele. E, apesar da transcendência de sua Revelação, conforme o concílio menciona, Deus comunica-se com os homens segundo a realidade destes, considerando suas limitações e fazendo deles partícipes desse processo de fé e vida.

O ápice dessa dinâmica reveladora para a Igreja Católica acontece na encarnação do filho de Deus, conforme ensina o Concílio Vaticano II:

> Jesus Cristo 'fala as palavras de Deus' (Jo 3,34) e realiza a obra da salvação, de que foi encarregado pelo Pai (Jo 5,36; 17,14). Quem o vê, vê o Pai (cf. Jo 14,9). Por sua presença, por suas palavras e ações, por seus sinais e milagres e, especialmente por sua morte, gloriosa ressurreição e missão do Espírito da verdade, Jesus completa a revelação e a confirma com testemunho divino: Deus está conosco para nos libertar das trevas do pecado e da morte e nos ressuscitar para a vida eterna. (DV, n. 4)

Jesus Cristo é a manifestação completa e final da Revelação de Deus. Ele é a "aliança nova e definitiva" (DV, n. 4) entre Deus e o povo. A concepção de povo de Deus em Jesus também é alargada e, pode fazer parte do novo Israel todo ser humano que escolhe aderir à fé no Cristo. O documento conciliar ainda testemunha que não se deve esperar outra novidade da parte da Revelação de Deus, já que esta se deu por completo antes da gloriosa manifestação do Senhor Jesus na Parusia[1] (cf. 1Tm 6,14; Tt 2,13).

Portanto, a Revelação traça um caminho, prepara os seres humanos, apresenta-se por completo. E a Revelação tem início na experiência do povo da Bíblia com Deus. Os cristãos são herdeiros desse povo, o qual experimentou primeiro a Revelação.

Agora, faremos uma pausa na explanação para pensar no conceito de *revelação*. Qual seria o significado dessa palavra do ponto de vista da fé? No dicionário bíblico , a definição do termo é "a automanifestação do divino" (Mckenzie, 1983, p. 795). A Revelação relaciona-se com a ideia de mistério divino, inacessível, que realmente depende dessa vontade de Deus de se autorrevelar e que na Bíblia tem uma natureza única.

1 Termo grego que se refere à segunda vinda do Senhor Jesus, na consumação dos tempos.

E como se manifesta a Revelação divina? O povo de Israel tinha conhecimento, por causa dos seus vizinhos mais próximos, de uma Revelação divina que se manifestava por meio de adivinhações ou de participações nos mitos e rituais de fertilidade. Isso está registrado nos textos bíblicos, os quais relatam alguns sinais dessas formas de consulta ao divino. Mas não é essa a compreensão que o povo bíblico tem sobre a natureza da Revelação. De fato, alguns textos bíblicos até mencionam presságios (Gn 24,12s; 25,21s; 1Sm 15,27s) e às vezes citam a manifestação da mensagem divina por meio de sonhos e outras formas, que, podemos sublinhar, se encontravam numa etapa ainda muito primitiva da fé do povo e aconteciam de maneira isolada. Tratam-se, portanto, de acontecimentos e compreensões muito remotas na história do povo da Bíblia. Essas práticas não estavam de acordo com a forma característica da Revelação no Antigo e no Novo Testamento e foram desaparecendo no processo histórico da religião hebraica (Mckenzie, 1983).

A característica essencial da Revelação de Deus no Antigo Testamento é a de que Yahweh é um Deus vivo. Ele é o Deus da vida! Ele tem vontade própria e manifesta-a em suas palavras e em seu agir (cf. Dt 5,23; Js 3,10; Is 37,4). Portanto, **palavra** e **ação** são os fundamentos da Revelação divina que aconteceu tanto para o Antigo quanto para o Novo Testamento.

Algo muito próprio da manifestação de Deus que merece destaque é o fato de que **a Revelação divina sempre se propõe e nunca se impõe ao ser humano**. Há um movimento de comunicação que parte do sagrado, que toca o humano e aguarda o acolhimento e a participação. Cabe aos homens e mulheres, em sua liberdade, corresponder a essa proposta, como menciona a constituição dogmática *Dei Verbum*: "A Deus, que se revela, deve-se prestar obediência da fé (cf. Rm 16,26; Rm 1,5; 2Cor 10,5s), pela qual o ser humano se entrega livre e inteiramente a Deus, 'com total submissão da inteligência e da vontade de Deus, que se revela', acolhendo voluntariamente a revelação por ele comunicada" (DV, n. 5).

A constituição dogmática continua assegurando aos filhos e às filhas de Deus que aquele que é o auxiliador nesta entrega e resposta de fé é o Espirito Santo. É ele que "leva o coração à conversão a Deus, abre os olhos da mente e dá 'a todos o gosto de acolher a verdade e acreditar nela'" (DV, n. 5). Assim, a razão humana não se encontra só, como também não se faz limite, não basta! O Espírito concede aos homens seus dons e aprofunda sua fé.

Além disso, essa proposta de Deus chega até as pessoas por meio da condição humana, pois, a "história da Bíblia é a história da Palavra de Deus aos homens" (Mannucci, 2008, p. 15). É por meio dos homens e das mulheres que fizeram a experiência do Deus da vida e da libertação que a Palavra chegou à humanidade. A manifestação de Deus foi fixada em palavra escrita, redigida por seres humanos e por meio da linguagem humana. Desse modo, o conteúdo da Bíblia é a Revelação:

> 'Deus, que muitas vezes e de muitos modos falou, outrora, aos Pais pelos profetas, agora nestes dias que são os últimos, falou-nos por meio de seu Filho...' (Hb 1,1-2). AT e o NT não fizeram outra coisa senão descrever-nos o itinerário da Palavra de Deus, a qual: cria o mundo (Gn 1), chama Abraão (Gn 12,1ss) e Moisés (Ex 3,7ss), leva a termo a promessa da terra (Js 1,1ss); 21,43-45), 'é dirigida aos profetas' de Israel (Os 1,1; Jr 1,2 etc), assume o rotos do homem em Jesus de Nazaré (Jo 1,1-14), 'difunde-se, cresce e se afirma com força' com a dilatação da Igreja apostólica (At 6,7; 12,24; 19,20), regula o fim deste universo e o início do novo mundo (Ap 19,11-16; 21,1ss). (Mannucci, 2008, p. 15)

Juntos, Antigo e Novo Testamento desempenham a tarefa de descrever o itinerário dessa **Palavra viva**. Afinal, a Palavra de Deus dá ori gem à vida e é criadora, como podemos verificar no livro do Gênesis, em especial no capítulo 1. É uma Palavra que chama à missão, como ocorreu com Moisés, no livro do Êxodo (Ex 3,7ss); que ensina e conduz o povo até a Terra Prometida, como ocorreu com Josué (Js 1,1ss). Além disso, é Palavra profética que, na dinâmica do anúncio e da denúncia, aponta sempre para o povo a vontade de Deus, como ocorreu com os profetas Oseias e Jeremias. Trata-se de uma Palavra que, na **plenitude dos tempos**, vem morar entre os homens mediante o Verbo encarnado, Jesus Cristo, conforme o Evangelho segundo João (Jo 1,1ss).

A Palavra continua viva e eficaz na origem e no crescimento da Igreja, como expresso no livro dos Atos dos Apóstolos. A Palavra ainda leva cada homem e mulher à conclusão deste mundo e ao começo de um novo mundo, como garante o livro do Apocalipse de João (Ap 19,11-16).

A Palavra revelada é **palavra dialogal**. O homem é interpelado por Deus, que estabelece com ele um diálogo, "sinal de amor de Deus que tem necessidade do homem para construir sua obra, isto é, realizar a Cidade humana de Deus" (Mannucci, 2008, p. 35). Na Sagrada Escritura, a Revelação toma o aspecto da linguagem humana e assume as funções dessa linguagem. Afinal, ao se revelar, Deus propõe ao ser humano, em diálogo, e aguarda deste a resposta. Deus fala e o homem responde, escolhe, decide, crê.

Assim, podemos inferir que **a Palavra de Deus é provocadora**. Não se pode escutá-la e ser indiferente. De algum modo ela toca o interlocutor, o desperta. Segundo o profeta Isaías: "Como a chuva e a neve descem do céu e para lá não voltam, sem terem regado a terra, tornando-a fecunda e fazendo-a germinar, dado semente ao semeador e pão ao que come, ela não volta sem efeito; sem ter cumprido o que eu quis realizado o objetivo de sua missão" (Is 55,11).

As interpretações dos fatos narrados foram transmitidas, primeiro, de forma oral, até que aconteceu a redação e a finalização em linguagem humana. A Revelação divina, na qualidade de diálogo entre Deus e os seres humanos, é uma **revelação-palavra** que interpela cada homem e mulher a viver a Aliança com Deus como uma **comunhão**. E essa comunhão se dá de maneira dinâmica na participação.

Portanto, a Revelação é uma Palavra pessoal do Deus vivo e não uma verdade abstrata, impossível de ser tocada, mas algo de uma pessoa que se comunica, fala, chama, convida, busca. A Palavra de Deus deve, antes de qualquer outra ação humana, ser ouvida. Os textos bíblicos e o povo da Bíblia dão testemunho disso; a espiritualidade da Bíblia é, em primeiro lugar, uma experiência de audição, de um povo que escuta: "Ouve, ó Israel: Iahweh nosso Deus é o único Iahweh! [...] Que estas palavras que hoje te ordeno estejam em teu coração. Tu as inculcarás aos teus filhos, e delas falarás sentado em tua casa e andando em teu caminho, deitado e de pé" (Dt 6,4.6-7).

A escuta é a primeira atitude do diálogo que se estabelece entre o divino e o humano. Quando alguém se coloca em atitude de escuta, dá atenção não apenas à mensagem pronunciada, mas também à pessoa que a enuncia. Então, quando a mensagem é transmitida na notícia, ela compreende propriamente os livros sagrados.

Assim, Palavra revelada não é "apenas a Revelação (história e palavra), mas também sua notícia escrita" (Mannucci, 2008, p. 127).

2.1.1 A compreensão hebraico-cristã da Revelação

A Bíblia é guardiã e comunicadora da Revelação de Deus. Palavra Sagrada que é designada a homens e mulheres de todos os tempos. Nesta seção, explicaremos como o Antigo e o Novo Testamento compreendem a Revelação divina.

O povo de Israel sempre reconheceu na origem da *Torah*[2] o próprio Deus. Ainda que tenha sido escrita em diferentes momentos e que tenha recebido contínuas atualizações, a Lei se deu como a expressão da vontade de Deus, estando sempre em comunhão com transcendência dele (Mannucci, 2008).

Deus mesmo falou ao povo no contexto da Aliança do Sinai, relatada no livro do Êxodo, tendo Moisés como mediador. O texto testemunha que, naquele evento, Deus pronunciou "todas as palavras" (Ex 20,1ss), enquanto Moisés as expôs ao povo (Ex 24,3). E depois, Moisés escreveu tais palavras (Ex 24,4), fazendo a leitura, então, do documento da Aliança para o povo de Israel (Ex 24,7). Assim, ler e escutar a *Torah* são o mesmo que ler e escutar a Palavra de Deus para o povo.

Quando, muito tempo depois, no período em que Israel se encontrava exilado e a Lei já se apresentava na forma estendida do Pentateuco, por meio da leitura e da escuta desses livros, os israelitas se colocavam diante de Yahweh, conforme registrado no livro de Neemias: "todo o povo se reuniu [...]. Disseram ao escriba Esdras que trouxesse o livro da Lei de Moisés, que Iahweh havia prescrito para Israel. [...] ele leu o livro desde a aurora até o meio-dia, na presença de homens e mulheres [...] todo o povo ouvia atentamente a leitura do livro da Lei" (Ne 8,1-15)[3].

Outro documento que oferece de forma clara a consciência que Israel tem da Palavra de Deus, a qual está também expressa na forma escrita, é o livro da Lei encontrado no Templo de Jerusalém durante o reinado de Josias. Foi exatamente esse documento que inspirou uma reforma religiosa, digamos um tanto radical, realizada por esse rei de Judá. Tal material, com muita probabilidade, consistia na secção das

2 A *Torah* é a Lei do povo de Israel (a instrução do povo), composta pelos livros de Gênesis, Êxodo, Levítico, Números e Deuteronômio; logo, corresponde ao Pentateuco da Bíblia Cristã.

3 Verifique também: Ne 9,33-36; 10,1-30.

leis apresentadas no livro do Deuteronômio (Dt 12-26). No referido livro, encontra-se o seguinte texto:

> Quando subir ao trono real, ele deverá escrever num livro, para seu uso, uma cópia desta Lei, ditada pelos sacerdotes levitas. Ela ficará com ele, e ele a lerá todos os dias da sua vida, para que aprenda a temer Iahweh seu Deus, observando todas as palavras desta Lei e colocando estes estatutos em prática. Deste modo ele não levantará orgulhosamente sobre seus irmãos, nem se desviará deste mandamento para a direita ou para a esquerda, de modo a prolongar os dias do seu reinado, ele e seus filhos, no meio de Israel. (Dt 17,18-20)

O desejo de manter a Lei do próprio Deus no meio do povo se expressou igualmente nas orientações aos pais para que ensinassem os filhos nos preceitos de Deus. Dessa forma, a Lei poderia estar sempre no meio do povo, mantendo-se viva no seio de Israel. Além disso, o processo de ensinar a Lei às gerações seguintes a tornaria sinal palpável entre o povo (cf. Dt 6,6-9; 11,18-20). Dessa forma, a Lei se transforma em Palavra Sagrada codificada e o povo entende a palavra não somente quando ela é pronunciada, mas também quando escrita.

No pós-exílio, quando se empregava os termos *palavra* ou *palavras,* certamente, já não se fazia referência à Palavra pronunciada por Deus, mas àquela Palavra já codificada, escrita. E essa é tão importante e sagrada que nenhum ser humano deve subtrair algo do texto, conforme menciona o livro do Deuteronômio: "Nada acrescentareis ao que vos ordeno, e nada tirareis também: observareis os mandamentos de Iahweh tais como vo-los prescrevo" (Dt 4,2).

Há no livro dos Salmos uma bonita exaltação à Palavra de Deus na forma escrita. No Salmo 139, o salmista desenvolve um diálogo com Deus por meio da *Torah,* professando "a Lei escrita como Palavra de Deus" (Mannucci, 2008, p. 129).

O bloco dos profetas é imprescindível quando se trata da Bíblia como Palavra de Deus. Sobre esse tema é especial a literatura profética, porque o profeta de Israel é aquele que, em essência, transmite ao povo a mensagem do próprio Deus. Por exemplo, como aparece no livro do profeta Amós: "Assim falou Iahweh" (Am 1,3). Assim, no livro bíblico, a palavra profética na forma escrita comunica a mesma mensagem da palavra falada por Deus.

Mas, além da Lei e da profecia, o cânon veterotestamentário[4] oferece os chamados *Escritos*, entre os quais, em sua diversidade de gêneros, prevalece o que as traduções católicas apresentam com o título de *Sapienciais*. São os textos da sabedoria do povo da Bíblia. Esse gênero, que corresponde à busca de conhecimento por meio da vida humana, se detém na orientação da vida. Os textos partem da observação, posicionando-se mais no campo humano da vida. E, por fim, entra em crise diante de algumas questões existenciais, segundo os livros de Eclesiastes e Jó.

Então, é preciso ressignificar! Em face da realidade difícil que foi o exílio da Babilônia, cabe à sabedoria humana assumir "um cunho especificamente israelita" (Mannucci, 2008, p. 132). O povo faz a sabedoria se transformar numa relação mais direta com Deus. O Deus de Israel é mencionado com mais frequência nos textos pós-exílicos, de modo que o Deus da Aliança e da Criação ganha espaço. Nessas obras, é possível encontrar ainda a personificação da Sabedoria, a qual é Palavra de Deus, ali identificada com a *Torah* (Eclo 24,22), ou até mesmo com a palavra dos profetas (Eclo 24,31). Ela assemelha-se à Palavra de Deus (Pr 1,20-23). Assim, conforme Mannucci (2008, p. 133): "A sabedoria tornou-se, ao lado da Palavra profética e da Lei de Deus, uma nova forma de Revelação, acolhida por Israel com a mesma autoridade dos antigos escritos".

4 Termo que se refere ao Antigo Testamento.

Para o movimento cristão, Jesus e a comunidade apostólica, as Escrituras judaicas também eram consideradas Palavras de Deus. Jesus fazia parte do povo da promessa, os discípulos eram judeus que frequentavam a sinagoga e iam ao Templo para as festas litúrgicas. Jesus mesmo se utilizava de textos da Escritura para finalizar discussões, por exemplo, com a expressão apresentada no Evangelho segundo Mateus: "está escrito" (Mt 4,10); ou ainda para sublinhar a autoridade indiscutível da Escritura: "Está escrito: minha casa será chamada casa de oração. Vós, porém, fazeis dela um covil de ladrões" (Mt 21,13).

As Escrituras, aliás, dão testemunho de Jesus. Os evangelistas buscam nelas fundamentos para testemunhar e interpretar a pessoa de Jesus, ungido de Deus (Mc 1,2-3; 4,12; 12,36; Mt 1,23; 2,6; 13,35; 21,43; Lc 4,18-19; entre outros). Jesus também se posiciona a favor da Escritura: "E a escritura não pode ser anulada" (Jo 10,35); os textos sagrados argumentam sobre ele: "Vós perscrutais as Escrituras porque julgais ter nelas a vida eterna; ora, são elas que dão testemunho de mim" (Jo 5,39).

Para a comunidade cristã primitiva, não havia dúvidas sobre a importância e o significado do caráter sagrado das Escrituras. Prova disso é o uso da expressão "diz a Escritura", que nunca era usada na cultura grega para definir palavra escrita; mas no sentido que a língua grega adquire no Novo Testamento, essa expressão foi aplicada tanto à palavra oral quanto à escrita. Portanto, Escritura se constitui em palavra falada e palavra que é letra. Deus fala, e a palavra, uma vez comunicada, torna-se Escritura, podendo ser ouvida por homens e mulheres daquele tempo e de hoje. Desse modo, a palavra escrita também é precedida da palavra falada, recebendo o mesmo prestígio e a mesma autoridade do anúncio oral.

No Novo Testamento, a Revelação não só dá continuidade ao Antigo Testamento, mas, sobretudo, chega à fase definitiva em Jesus, que é a Revelação plena de Deus. Aliás, Jesus confere a ele mesmo uma interpretação e autoridade maior do que as Escrituras judaicas! Quem escuta Jesus percebe nele uma autoridade completamente diferente daquela que pareciam ter os que ensinavam a Lei de Deus para o povo (Mc 1, 22.27).

Nos Evangelhos, as ações e os ensinamentos de Jesus se concretizam em palavra escrita, e a consciência da encarnação da Palavra de Deus na pessoa de Jesus confere a esses relatos a mesma dignidade de Palavra Sagrada. O anúncio do Reino de Deus, da Boa Nova que é Jesus Cristo, fixado por escrito, tem o mesmo caráter sublime do Antigo Testamento (1Tm 5,17).

O conteúdo da pregação apostólica igualmente é a Palavra de Deus, agora identificada com a Palavra de Jesus. Afinal, a Palavra definitiva de Deus, revelada em Jesus Cristo, "continua na pregação apostólica" (Mannucci, 2008, p. 137). Por isso, Paulo pôde afirmar: "Por esta razão é que sem cessar agradecemos a Deus por terdes acolhido sua Palavra, que vos pregamos não como palavra humana, mas como na verdade é, a Palavra de Deus que produz efeito em vós, os fiéis" (1Ts 2,13). O apóstolo atribui a mesma autoridade a sua pregação na forma escrita e na forma oral: "guardai as tradições que vos ensinamos oralmente como por escrito" (2Ts 2,15). Nas epístolas paulinas, nota-se que a pregação escrita do missionário exige dos destinatários o mesmo acolhimento do anúncio comunicado por ele pessoalmente.

E aquela mesma máxima de nada acrescentar ou tirar da Palavra de Deus, atribuída ao Antigo Testamento, é mencionada com toda seriedade pelo autor do Apocalipse, reconhecendo a este escrito igual valor (Ap 22,18-19; cf. Dt 4,2).

Portanto, a Bíblia, mais do que **conter** a Palavra de Deus, **é** verdadeiramente Palavra de Deus.

2.2 A Revelação na história humana

A comunicação livre e libertadora de Deus chegou até a atualidade por meio da linguagem humana, como já mencionamos. Mais do que isso, a Revelação bíblica é a manifestação do Deus que age e, agindo, coloca em ação sua **presença operante**. Dito de outro modo, Deus se revela agindo na história da humanidade, assumindo com o ser humano "uma aventura comum" (Mannucci, 2008, p. 41), e carregando tal aventura de sentido.

Vale nos dedicarmos, por ora, às características dessa linguagem. Segundo Mannucci (2008), a linguagem humana tem três funções principais da palavra: (1) informar, porque quem fala informa acontecimentos; (2) expressar, pois aquele que fala manifesta algo de si mesmo; (3) apelar, afinal, é próprio da linguagem procurar o outro, buscar e relacionar-se, exigindo, assim, uma resposta.

A comunicação de Deus com os seres humanos se dá no mais alto nível dessa tríplice função da palavra: numa linguagem de amor e amizade que, em vista da comunhão entre humano e divino, conduz o homem e a mulher ao mistério e à dinâmica da Palavra de Deus. Assim, a comunicação divina é doação amorosa, mas que exige resposta no apelo que essa comunicação desperta.

Nessa palavra de amizade e de amor:

> cada qual dá ao outro a hospitalidade essencial, o melhor de si; cada qual reconhece o outro, e recebe dele aquele mesmo reconhecimento, sem o qual a existência humana é impossível [...] Na amizade e no amor, o "nós" da comunhão pode ter a amplidão de todo universo, tudo pode transfigurar e renovar. [...] A nossa presença

> no mundo, também o nosso próximo, aqueles que desde há muito conhecemos, mudam à luz do amor. (Mannucci, 2008, p. 22)

A comunhão proposta por meio dessa comunicação é também universal. Ainda que a manifestação da Palavra de Deus, narrada nos textos bíblicos, tenha sido direcionada, inicialmente a determinado grupo de pessoas e num contexto bastante específico, a realidade da revelação do amor e da libertação de Deus deve chegar a todas as pessoas, das quais Israel é sinal (Gn 12,3; Jl 3,1; Mt 28,19; entre outros). O povo da eleição de Deus, a quem Deus se deu a conhecer e que foi transformado por essa relação, deve ser realidade transformadora na vida e na história de todos os outros povos (Mt 5,13-16).

Não obstante, é importante versarmos sobre a concretização da Palavra de Deus. A Bíblia revela um Deus que age por meio da palavra. No decorrer da história humana, a Palavra divina demonstra eficácia. A Revelação se concretiza em fatos históricos, e, em seu lugar de interlocutor e agente em conjunto com Deus, o ser humano dá sua resposta de fé, proclamando e narrando tais fatos, pois são eles também o conteúdo dessa fé. E assim a história da salvação mantém-se viva na tradição histórica humana, sendo atualizada.

As ações de Deus na história são por si mesmas reveladoras! As obras de Deus são frequentemente lembradas nas narrativas da história da salvação, permitindo ao ser humano conhecer o próprio significado. E essa palavra narrada, escrita, foi tomando a forma humana da linguagem, dentro de uma cultura, valendo-se da língua característica do povo que a expressou.

2.3 As línguas do povo da Bíblia: hebraica, aramaica e grega

Foi o povo judeu que recebeu, comunicou e assegurou a transmissão da Revelação no decorrer dos séculos, colorindo-a com seus costumes e linguagem. Isso também é válido quando se trata do Novo Testamento; afinal, Jesus e seus primeiros discípulos e discípulas, o grupo apostólico, faziam parte desse povo; essa foi a comunidade por meio da qual a humanidade recebeu a Revelação divina.

O que diferenciou os hebreus de tantos outros povos semitas ocidentais foi, certamente, sua fé, sua religião. Segundo Konings (2000, p. 31), "Eles adoravam um único deus, Javé, que tem feições ora de pastor, ora de guerreiro. Um Deus migrante, como o povo do Egito".

O povo judeu tem muitas coisas bonitas a ensinar. Os judeus são pessoas da escuta – do *Shemá*! (Mannucci, 2008). Esse povo viveu concretamente, observou e narrou, fez memória de sua relação e história com o Deus da promessa, da libertação e da Lei. Para eles, fé e vida pública caminhavam juntas. Mais do que isso, a religiosidade era, e é hoje ainda, a identidade desse povo como nação! E, nos períodos da história em que os judeus foram impedidos de ser nação, foram povo de Deus no exílio, na diáspora e na confiança da vinda do messias, que deveria reinar sobre Israel, trazendo paz e justiça ao mundo inteiro.

Desse modo, a cultura do povo da Bíblia é a da experiência concreta que tocou diretamente a vida de Israel, no passado e no presente. É um povo que não se utilizou de conceitos abstratos para aprender, mas aprendeu nos fatos consumados na vida. Algo muito próprio da identificação do povo bíblico é sua língua, o hebraico. A significação da língua hebraica, o modo de se expressar por ela, tem muito a nos ensinar.

A Bíblia conhecida na atualidade é tradução do texto original escrito em idiomas que há muito tempo já não são falados. Os livros do Antigo Testamento foram escritos, em sua maioria, no hebraico. A escrita hebraica teve origem na Fenícia, assim como os alfabetos ocidentais.

O hebraico e o aramaico fazem parte "da família das línguas semíticas" (Barrera; Caro, 2000, p. 415), e o que distinguia um pouco essa forma de linguagem semita era a disposição geográfica dos grupos que a constituíam.

Então, no século III a.C., a cultura grega foi imposta à Palestina, mas sua influência já era sentida em muitas outras nações desde o século IV a.C. Completamente diferente da cultura hebraica, a cultura grega era predominantemente lógica. Para os gregos, anterior à experiência estava o conceito, o pensamento, a reflexão. O helenismo foi tão impactante para o judaísmo a ponto de suas Escrituras sagradas receberem uma tradução para a língua grega, a Septuaginta, ou Setenta[5].

Hebraico, aramaico e grego, as línguas usadas na construção dos textos bíblicos, estão a uma distância extremamente grande em relação ao leitor atual! Quando são estudados os textos bíblicos, é preciso lembrar que eles foram escritos há cerca de 3000 a 1900 anos. E, exatamente por isso, pode-se dizer que, atualmente, conhecemos esses idiomas de maneira imperfeita, pois eles foram construídos numa concepção de mundo muito diferente e estranho para o tempo atual.

Sobre as características dessas línguas comentaremos a seguir.

2.3.1 A língua hebraica

A língua hebraica é mencionada no livro do profeta Isaías como a "língua de Canaã" (Is 19,18), ou ainda, com mais frequência, é referida

5 A tradução grega chamada *Setenta* é indicada também pelo número romano LXX.

como a língua judaica (cf. Is 36,11; 2Cr 32,18). O que se sabe a respeito é que povo da Bíblia começou a falar essa língua quando chegou à terra de Canaã. Seu alfabeto não era muito extenso, considerado pobre por alguns autores, já que, entre 900 e 600 a.C., era composto por 22 consoantes, apenas.

A característica mais interessante dessa língua é o fato de que de uma mesma raiz derivam várias palavras, tanto na forma de verbo quanto na forma de substantivo. Para saber o significado e a classificação das palavras é preciso conhecer o contexto em que elas foram empregadas. Por exemplo: as consoantes MLK podem formar tanto o substantivo *MeLeK*, que significa "rei"; como o verbo *MaLak*, que significa "ele reinou" (Barrera; Caro, 2000, p. 417).

Outra característica do hebraico são as indicações de tempo e pessoa, dadas conforme as terminações e os prefixos das palavras. Nessa língua também existe variedade de formas adjetivas, além do idioma reclamar as expressões de comparação e os superlativos. Um exemplo de superlativo é a designação do livro o Cântico dos Cânticos, com o objetivo de se referir àquele cântico que é predominante o maior de todos.

O hebraico também assimilou, em virtude do contato com outros povos, termos não semitas. Assim aconteceu em relação às culturas egípcia, filisteia e persa. Portanto, retomamos aqui a questão da influência dos povos vizinhos e dos grandes impérios, atingindo, até mesmo, a língua (dimensão linguística) do povo da Bíblia. Desse modo, mesmo com o passar dos tempos e tantas intervenções estrangeiras, o hebraico bíblico se manteve vivo nos períodos helênico e romano, tanto como língua falada quanto como escrita.

Contudo, no ano de 135 d.C., aproximadamente, o hebraico já era uma língua morta. Em verdade, mesmo antes o idioma já se limitava à região da Judeia, enquanto na Galileia e na Samaria se falava o aramaico.

2.3.2 A língua aramaica

Conforme Konings (2000), considerada a língua irmã do hebraico, o aramaico, num tempo muito remoto, era a língua de povos pastoris seminômades. Todavia, foi também um idioma que, no período posterior ao exílio, no século VI a.C., superou o hebraico como língua corrente. Apesar de as inscrições mais antigas do aramaico datarem do século IX a.C., foi com os grandes impérios assírio, babilônico e persa, que se tornou língua oficial para as relações administrativas e comerciais, perdendo lugar, nesse sentido, somente com a ascensão de Alexandre Magno, quando foi substituída pelo grego. Entretanto, continuou a ser uma língua extremamente difusa no Oriente.

Poucos fragmentos dos textos bíblicos foram escritos em aramaico. No entanto, um dado interessante para clarificarmos a força desse idioma como língua oficial de um império é o fato de que grande parte da documentação persa foi escrita no chamado *aramaico oficial* (Barrera; Caro, 2000).

Para exemplificar os fragmentos bíblicos escritos em aramaico, citamos a passagem a respeito do decreto do Rei Ciro (Esd 7,12-2,6), que reproduz a forma oficial do decreto do rei da Pérsia (Esd 4,8-6,18).

Há, porém, outros fragmentos bíblicos que não fazem parte dessa forma de escrita (de documento real), mas que apareceram também em aramaico, como é o caso do capítulo 10 do livro do profeta Jeremias e do trecho um pouco maior do livro de Daniel (Dn 2,4b-8,28). A explicação para a fixação escrita desses textos em aramaico seria a possibilidade de tais fragmentos terem sidos traduzidos para o hebraico ou para o grego a partir de um original aramaico.

O Novo Testamento também contém algumas expressões do aramaico clássico: "Talita komi" (Mc 5,41); "effatha" (Mc 7,34); "Elloi, Elloi, lama sabachtáni" (Mc 15,34) e "Rabbuni" (Mc 10,51;

Jo 20,16). Há também nomes próprios como "Gólgota" (cf. Mc 15,22) e "Getsêmani" (cf. Mc 14,32). Jesus e seus discípulos e discípulas falavam, provavelmente, o dialeto aramaico galileu, segundo Barrera e Caro (2000).

Entretanto, todo o Novo Testamento foi composto na língua grega, que será tema da próxima subseção.

2.3.3 A língua grega

Todo o Antigo Testamento recebeu uma tradução interpretativa na língua grega e o Novo Testamento foi todo escrito, originalmente, nesse idioma. Entretanto, os tradutores e os escritores do Antigo e do Novo Testamento não fizeram uso do grego clássico para redigir os textos, mas utilizaram um estilo mais simples dessa língua, uma forma mais comum. Por esse motivo, alguns escritores pagãos consideravam a forma da língua grega, empregada na Sagrada Escritura, um tanto descuidada.

Grandes nomes, como Agostinho e Jerônimo, justificavam o estilo do grego veterotestamentário como uma linguagem popular. A forma grega usada na escrita do Novo Testamento é um grego identificado com koiné, dialeto de uma época que compreende desde o helenismo de Alexandre Magno até o final da Idade Antiga (século VI). Todavia, o koiné não era apenas uma língua vulgar, do povo, ele era igualmente a língua culta dos escritores desse período, como Joséfo, Filon e Estrabão (Barrera; Caro, 2000).

Entre o idioma grego utilizado na tradução do Antigo Testamento, chamada Setenta (LXX), e o grego do Novo Testamento existem diferenças. Tanto o Antigo Testamento grego quanto o Novo Testamento apresentam particularidades na escrita. Essa realidade evidencia que existe uma diversidade de línguas e culturas que compõem a história da salvação.

Talvez, leitor, você esteja se perguntando neste momento: Qual era a língua falada por Jesus e seus discípulos?

Na Galileia, na época de Jesus, falava-se o aramaico, língua que substituiu o hebraico após a expansão assíria. Pagola (2013) explica que na Galileia e na Judeia, no dia a dia da população, o aramaico era a língua falada . Nesse período, o hebraico, mesmo sendo linguagem corrente em poucas regiões da Judeia, porque se perdeu muito depois do exílio na Babilônia, foi conservado especialmente como língua sagrada, sendo empregada nos valiosos livros da Lei. A língua hebraica era utilizada em certas orações e no culto do Templo de Jerusalém. Os escribas dominavam a língua hebraica e, quando se lia um texto em hebraico na sinagoga, era necessário que alguém fizesse a tradução para o aramaico, para que o povo pudesse compreendê-lo.

Portanto, parece certo dizer que Jesus, um galileu de ambiente rural, utilizava cotidianamente sua língua materna, o aramaico. Provavelmente, Jesus também conhecia as Escrituras no hebraico bíblico. Há, ainda, a possibilidade de que ele conhecesse um pouco do grego.

E quando a língua grega se tornou tão importante? A língua grega se impôs durante as conquistas de Alexandre Magno, "os últimos séculos do judaísmo antigo se situam no império de Alexandre Magno e de seus predecessores" (Konings, 2000, p. 109). A nova era, chamada de *helenismo*, palavra originada do termo *heleno*, que quer dizer "grego", é uma estrutura sociocultural desenvolvida a partir das conquistas das regiões do Oriente Próximo e Médio, que se estendeu também por todo o mundo mediterrâneo, perdurando por séculos até o momento em que entra em cena a dominação romana (Konings, 2000).

Quando se faz referência ao helenismo, não se deve pensar exatamente na cultura grega, uma vez que no período da grecidade clássica ela já tinha se descaracterizado, e porque a cultura grega absorveu elementos tão heterogêneos que o seu caráter helênico foi muito diluído. Assim, o que "dá unidade ao helenismo é a língua grega" (Konings, 2000, p. 109). Podemos falar, desse modo, de uma cultura de globalização com o helenismo, o qual, com um sistema educacional, envolvendo academias e ginásios, um sistema administrativo, não exclusivo, mas herdado do Império Persa, e um sincretismo religioso e filosófico muitíssimo receptivo, fez as mais variadas etnias sentirem-se à vontade mesmo sob a imposição da helenização.

Nesse longo período, que teve início com Alexandre Magno, estão as raízes tanto do judaísmo rabínico quanto do cristianismo. Contudo, "apesar da ruptura causada, em nível internacional, [...] o judaísmo depois de Alexandre é essencialmente continuação do judaísmo da época persa" (Konings, 2000, p. 110).

Após o exílio babilônico, alguns grupos voltaram à Palestina e começaram a reconstrução da Cidade Santa, do Templo e, claro, da identidade religiosa, visto que no território da Judeia permaneceu ainda uma porção do povo de Israel que não havia sido levado ao exílio. Foi nesse momento histórico que nasceu o que ficou conhecido como *judaísmo*, ou *judaísmo antigo*. O nome tem origem, obviamente, na região que resistiu a tantos conflitos e sistemas opressores: o Reino do Sul, Judá.

O povo judeu foi profundamente influenciado pelo processo de helenização na diáspora judaica, mas não somente ele; a Palestina também sofreu esse processo. Todavia, Israel não se mostrou exatamente contrário à cultura grega. Muitos consideraram a helenização um meio possível e mais adequado para a transmissão da própria religião. No século III a.C., a Bíblia hebraica foi traduzida para a língua grega em

Alexandria. Entretanto, no século II a.C., a profanação do Templo de Jerusalém e a paganização dos costumes judaicos "provocaram a insurreição dos Macabeus contra os príncipes helenistas" (Konings, 2000, p. 37).

Qual seria a explicação para a Sagrada Escritura, escrita na língua materna dos judeus, o hebraico, necessitar de uma tradução grega? Como mencionado anteriormente, a conquista de Alexandre Magno fez do grego a língua administrativa, cultural e comercial do novo império. Desse modo, a língua grega passou a ser também o idioma dos judeus dentro e fora da Palestina. Em Alexandria, no Egito, existia uma importante colônia judaica que assimilou facilmente a cultura helenista.

No século III a.C., com o apoio do Rei Ptolomeu II, do Egito, os judeus de Alexandria traduziram a Bíblia para a língua grega, a Septuaginta, como já informamos. Contendo mais livros do que a Bíblia hebraica, a Septuaginta era usada "pelos primeiros cristãos, que em sua maioria eram judeus de cultura grega (helenista), p. ex., Paulo, Estevão, Lucas, Marcos etc. Por isso, os estudiosos da Bíblia hoje valorizam muito essa tradução" (Konings, 2000, p. 18-19).

Na época de Jesus, a língua grega não substituiu o aramaico nas regiões da Galileia e da Judeia. Entretanto, o grego era a língua empregada pelo Rei Herodes em grande parte da sua corte, abrangendo, inclusive, a classe dirigente e os setores administrativos. A língua grega era igualmente conhecida pela aristocracia sacerdotal judaica e pelos grupos dirigentes da cidade de Jerusalém (Pagola, 2013).

Conforme explica Pagola (2013, p. 56), na época de Jesus de Nazaré havia pessoas bilíngues, que falavam tanto o aramaico quanto o grego.

> Jesus, sem dúvida, falava o aramaico, mas seu contato com a língua grega foi talvez mais intenso do que costumamos pensar, sobretudo se ele foi até Séforis à procura de trabalho. Em seu grupo

de seguidores alguns falavam grego. Um arrecadador como Levi precisava saber o grego para exercer sua profissão. André e Filipe, de nomes gregos e provenientes de Betsaida (Cesareia de Filipe), falavam certamente grego e podiam ajudar Jesus a comunicar-se com pessoas pagãs, como a siro-fenícia.

Quando chegou o Império Romano, este não conseguiu impor sua língua, tamanha a força da helenização. Assim, o latim ficou restrito aos grupos militares e de funcionários romanos.

2.4 Culturas que influenciaram o povo da Bíblia

No decorrer deste estudo, provavelmente você já concluiu que a Bíblia nasceu da história concreta de um povo que não estava isolado no mundo. O processo de formação da comunidade bíblica aconteceu entre tantos outros processos de constituição ou desenvolvimento de outros povos. Desde o princípio de sua história, constituição e caminhada até a Terra Prometida, também no período da monarquia, no exílio e no retorno, Israel sempre teve em seus arredores grandes impérios e nações que influenciaram, de alguma maneira, o pensamento e a religião do povo bíblico. Logo, esses impérios e nações exerceram influência na vida do povo judeu. A grande diferença em relação ao que foi assimilado, como já mencionado neste estudo, é a experiência de um Deus que é amor e vida e, que por sua essência, leva o povo a compreender o sentido da vida, rompendo com paradigmas antigos.

Não obstante, o povo reconhece e assimila elementos das outras culturas, indicando inclusive essa apropriação em seus textos. Um exemplo é a sabedoria de Israel, que carrega elementos da sabedoria egípcia. O livro dos Provérbios apresenta um pequeno bloco (Pr 22,17-24,22), que na Bíblia de Jerusalém recebe o subtítulo de *Coleção dos Sábios*. Esse fragmento tem grande afinidade com uma obra egípcia antiga, datada no período do Faraó Ramsés. Em 1983, a publicação do livro egípcio, conhecido como *Instruções de Amenemope*, demonstrou que esses textos que aparecem no livro dos Provérbios poderiam ser comparados com instruções de origem egípcia (McCreesh, 2013). Assim, essa descoberta demonstrou que esse material egípcio tem datação mais antiga do que o escrito bíblico. Logo, ele seria a fonte para a construção do trecho do livro dos Provérbios. Tal informação evidencia a beleza de o povo da Bíblia compartilhar também "a experiência humana com outras literaturas" (McCreesh, 2013, p. 895), conferindo a elas uma interpretação pautada pela experiência feita com o Deus único, Yahweh.

O livro de Jó é igualmente exemplo da influência literária estrangeira; o personagem principal é um homem que não faz parte do povo de Israel, mas da "terra de Hus" (Jó 1,1.3). Muitas vezes, lemos esse texto sem prestar atenção em algo tão simples, mas que está assinalado, como a informação de que esse herói bíblico não faz parte do povo eleito, trata-se de um estrangeiro. O personagem Jó, com características de homem justo, era bem conhecido na literatura oriental antiga (Zenger, 2003). O autor do livro bíblico, um judeu anônimo, utiliza-se da lenda de Jó e constrói uma literatura que objetiva romper a crença tradicional da época: a teologia da retribuição.

O conto do lendário homem justo que perde tudo, mas continua fiel, serve como uma moldura do livro bíblico; o conteúdo traz discursos, questionamentos, conflitos que representam aquela pessoa que pede respostas diante do sofrimento, das opressões, da morte, que não sejam aquelas impostas pelo sistema dominante, porque Deus não pode ser assim. Então, o autor faz o personagem protestar radicalmente contra a tradição que lhe é imposta, a ideia da retribuição divina não pode representar a face do verdadeiro Deus, que é amor gratuito.

Herdeiros dos impérios assírio e babilônio, os persas também interferiram nas ideias teológicas do povo de Israel. Uma convivência de séculos entre israelitas e persas culminou na assimilação de alguns elementos da religião persa. Um deles, incorporado à fé judaica, foi a crença em anjos, definidos como "seres intermediários entre Deus e a humanidade" (Mesters; Orofino, 2003, p. 29); outro elemento poderoso absorvido por Israel foi a ideia persa do dualismo, que considerava bem e mal como dois princípios absolutos, característica mais evidente na Bíblia nos textos de gênero literário apocalíptico (Mesters; Orofino, 2003).

A narrativa das origens apresentada no livro do Gênesis (Gn 1-11) é outro exemplo de apropriação de culturas estrangeiras. Os relatos sobre a origem do mundo e do ser humano são baseados, sobretudo, em modelos da cultura da Mesopotâmia. Essas narrativas não estavam fundamentadas em um pensamento abstrato; os escribas mesopotâmicos utilizavam-se da cosmogonia da própria cultura. Existem diversas cosmogonias mesopotâmicas sobre o tema das origens, mas uma em especial é a mais relevante na construção dos relatos no livro do gênesis: "a história de Atrahasis" (Clifford; Murphy, 2013, p. 60). Ela apresenta basicamente a mesma trama dos capítulos 2 a 9 do Gênesis. O que os autores sagrados faziam era produzir uma versão desse relato estrangeiro que correspondia à experiência do Deus de Israel, concebendo uma explicação histórica, porém, também teológica, da relação do ser humano com Deus, de suas instituições, de seus limites e de seu destino, ressaltando a justiça e a fidelidade (Clifford; Murphy, 2013)[6].

Saber que, no processo de construção da história o povo da Bíblia, o posicionamento em relação a outras culturas foi de abertura, inclusive assimilando mitos, histórias antigas e também sabedoria estrangeira, convida a refletir sobre como os fiéis se posicionam perante a diversidade de culturas hoje. Considerando o período de desenvolvimento do povo da Bíblia e a plenitude da Revelação em Jesus Cristo, é possível pensar, sem medo de perder a identidade da fé, na contribuição de tantas outras culturas e religiões para o crescimento e a promoção do mundo, compartilhando com elas a missão de construir um mundo justo e verdadeiramente humanizado.

Nosso próximo passo neste estudo será aprofundar a questão sobre a Bíblia e seus autores, a construção dos textos sagrados e as diferentes formas utilizadas para a transmissão da mensagem divina. Abordaremos também o importante tema da contextualização dos textos.

Síntese

Neste capítulo, discorremos sobre a comunicação de Deus, que se revelou na história e utilizou a linguagem humana para expressar seu amor e sua vontade. Essa dinâmica da manifestação divina é chamada de *Revelação*.

Esclarecemos que a Revelação de Deus aconteceu na história de um povo concreto, o povo de Israel, e teve seu ápice com a encarnação do Verbo: Jesus Cristo. Tal Revelação chega até os dias de hoje por um livro sagrado, a Bíblia.

Explicitamos que, por meio da Escritura Sagrada, a Revelação, primeiro experienciada, pode ser comunicada aos homens e mulheres de

6 Para aprofundamento deste tema, indicamos a leitura de Artuso (2018).

todos os tempos. Além disso, comentamos que a comunicação divina acontece na forma relacional, em que a divindade comunica, manifesta sua realidade, mas exige do ser humano uma postura de escuta e resposta de fé. Dessa maneira, a experiência que o povo de Israel fez de Deus dirigiu a vida desse povo, dando a ela novo significado. Essa nova maneira de viver só foi possível porque Deus comunicou-se dentro e por meio da cultura desse povo específico, em linguagem que, por ser humana, é limitada, mas bonita.

Informamos que a fixação das palavras divinas aconteceu na língua materna do povo de Israel, o hebraico. Ressaltamos, porém, que também há textos redigidos no aramaico, língua que obteve destaque no cenário internacional em determinado período da história antiga. E, quando se fez necessário, a Palavra escrita foi transmitida na língua grega, correspondendo às exigências de uma época específica. Tais culturas, com suas particularidades, asseguraram a transmissão escrita da Revelação divina através dos séculos.

Neste capítulo, em suma, evidenciamos que Israel aprendeu também com outras nações, permitindo-se assimilar algo das culturas desse povos, sem perder a própria identidade, a qual está fundamentada no Deus da vida.

Atividades de autoavaliação

1. De acordo com a constituição dogmática *Dei Verbum*:

> A economia da revelação implica gestos e palavras intimamente ligados entre si. Os acontecimentos realizados por Deus na história da salvação manifestam e confirmam os ensinamentos e as realidades significadas pelas palavras. [...] A verdade profunda a respeito de Deus e da salvação humana brilha em Cristo, que é, ao mesmo tempo, mediador e plenitude da revelação. (DV, n. 2)

Essa citação sobre a Revelação divina representa a posição de qual instituição?

a) Do judaísmo.
b) Da Igreja Católica.
c) Da comunidade cristã primitiva.
d) Do Antigo Testamento.
e) Da comunidade cananeia.

2. Leia as seguintes afirmações:

I. O ápice da dinâmica reveladora para a Igreja Cristã acontece na encarnação de Jesus de Nazaré, o filho de Deus.
II. Deus comunica-se com o ser humano dentro da realidade humana, porém o exclui completamente desse processo que faz parte da fé e da vida.
III. Deus quis comunicar a si mesmo com a finalidade de proporcionar à humanidade a salvação e a participação na vida divina, oferecendo a oportunidade de comunhão com ele.

Está(ão) correta(s) apenas a(s) afirmativa(s):

a) I.
b) II e III.
c) I e II.
d) I e III.
e) III.

3. Leia o excerto a seguir:

> Jesus Cristo 'fala as palavras de Deus' (Jo 3,34) e realiza a obra da salvação, de que foi encarregado pelo Pai (Jo 5,36; 17,14). Quem o vê, vê o Pai (cf. Jo 14,9). Por sua presença, por suas palavras e ações, por seus sinais e milagres e, especialmente por sua morte, gloriosa ressurreição e missão do Espírito da verdade, Jesus completa a

> revelação e a confirma com testemunho divino: Deus está conosco para nos libertar das trevas do pecado e da morte e nos ressuscitar para a vida eterna. (DV, n. 4)

Considerando essas afirmações da constituição dogmática *Dei Verbum*, n. 4, leia com atenção as sentenças a seguir e marque V para as alternativas verdadeiras e F para as alternativas falsas:

( ) Jesus realiza a obra da salvação por iniciativa própria.

( ) Jesus é a manifestação completa e final da Revelação de Deus.

( ) O projeto de salvação de Deus para os seres humanos compreende o perdão dos pecados e a ressurreição para a vida eterna.

( ) Jesus Cristo, por sua encarnação, ministério, paixão, morte e ressurreição, testemunha que Deus está com a humanidade e quer libertá-la do pecado e da morte.

Agora, assinale a alternativa que apresenta a sequência correta:

a) V, F, V, F.
b) V, F, F, V.
c) V, V, V, F.
d) V, F, V, V.
e) F, V, F, F.

4. A respeito da Palavra de Deus, marque V para as alternativas verdadeiras e F para as alternativas falsas:

( ) A Palavra de Deus dá origem à vida e é criadora, como registrado no capítulo 1 do livro de Gênesis.

( ) A Palavra de Deus é profética e, na dinâmica do anúncio e da denúncia, aponta sempre para o povo a vontade de Deus, como com os profetas Oseias e Jeremias.

( ) A Palavra de Deus continua viva e eficaz na origem e no crescimento da Igreja, conforme o relato do livro dos Atos dos Apóstolos.

( ) A Palavra de Deus toma o aspecto da linguagem humana, mas não assume as funções dessa linguagem.

Agora, assinale a alternativa que representa a sequência correta:

a) V, V, F, V.
b) F, V, V, V.
c) V, V, V, F.
d) V, F, V, F.
e) F, F, F, V.

5. Considerada a língua irmã do hebraico, num tempo muito remoto, era idioma de povos pastoris seminômades. Porém, foi também um idioma que, no período posterior ao exílio, no século VI a.C., superou o hebraico como língua corrente. Apesar de suas inscrições mais antigas datarem do século IX a.C., foi com os grandes impérios assírio, babilônico e persa que se tornou língua oficial para as relações administrativas e comerciais, perdendo lugar, nesse sentido, somente com a ascensão de Alexandre Magno. Entretanto, continuou a ser uma língua extremamente difusa no Oriente. Estamos nos referindo a qual língua?

a) Aramaico.
b) Latim.
c) Grego.
d) Hebraico.
e) Árabe.

Atividades de aprendizagem

Questões para reflexão

1. De acordo com a constituição dogmática *Dei Verbum*:

   > Verbo encarnado, "homem enviado aos seres humanos", Jesus Cristo "fala as palavras de Desus" (Jo 3,34) e realiza a obra da salvação, de que foi encarregado pelo Pai (Jo 5,36; 17,14). Quem o vê, vê o Pai (cf. Jo 14,9). Por sua presença, por suas palavras e ações, por seus sinais e milagres e, especialmente por sua morte gloriosa ressurreição e missão do Espírito da verdade, Jesus Cristo completa a revelação e confirma com testemunho divino: Deus está conosco para nos libertar das trevas do pecado e da morte e nos ressuscita para a vida eterna. (DV, n. 4)

   Esse trecho faz parte do texto das definições do Concílio Vaticano II a respeito da Revelação divina. Pesquise a constituição dogmática *Dei Verbum* e faça a leitura de todo o primeiro capítulo desse documento, que compreende desde o parágrafo 2, "A Revelação", até o parágrafo 6, sobre "As verdades reveladas". Reflita sobre a postura da Igreja quanto à Revelação. Você já conhecia a interpretação da Igreja a esse respeito? Porque é importante conhecer esse documento conciliar?

2. Leia o seguinte trecho: "Por esta razão é que sem cessar agradecemos a Deus por terdes acolhido sua Palavra, que vos pregamos não como palavra humana, mas como na verdade é, a Palavra de Deus que produz efeito em vós, os fiéis" (1Ts 2,13). Paulo afirma em sua carta dirigida à comunidade de Tessalônica a eficácia da Palavra de Deus. Podemos falar em eficácia dessa Palavra ainda hoje? Como você pode explicar essa eficácia?

Atividades aplicadas: prática

1. Desenvolva um pequeno questionário com a finalidade de identificar qual é a compreensão que as pessoas (da sua comunidade, pastoral ou família) têm sobre o tema da Revelação de Deus e a Sagrada Escritura. Você pode utilizar as seguintes perguntas:
    a) Você sabe o significado da palavra *Revelação*?
    b) O que você entende como Revelação na Sagrada Escritura?
    c) É possível dizer que a Revelação é a manifestação de Deus na história humana, comunicando a si mesmo e a sua vontade para os seres humanos?

    Disponha de uma linguagem acessível para informar sobre como ocorre a Revelação divina na história da humanidade para as pessoas que você dirigir o questionário.

2. Pesquise o conhecimento dos cristãos a respeito da influência de outras culturas no povo da Bíblia e na constituição dos textos sagrados, como no bloco do livro dos Provérbios, o qual tem influência egípcia (Pr 22,17-24,22). Para esta atividade, selecione um público, pequeno, que esteja inserido num grupo de estudo bíblico ou troque informações com outros estudantes de teologia.

3

Um livro composto por muitos livros e seus autores

Neste capítulo, discorremos sobre o processo de construção da Bíblia, a memória do Novo e do Antigo Testamentos, os autores, os geêneros literários e a contextualização dos textos bíblicos.

A Bíblia, como uma coleção de livros ou uma pequena biblioteca, tem sua história. Esta não é apenas resultado de experiências, mas também de interpretações sobre tais experiências , as quais em determinado momento foram reunidas, fixadas na forma escrita, reelaboradas e reinterpretadas, passando pelas mãos de diversos autores até receberem uma versão redacional final e sua definição como Livro Sagrado.

O povo de Deus não iniciou a própria história já fazendo relatos dela. Primeiramente, ele viveu a história, fez memória dos acontecimentos, e só depois se preocupou em escrever a experiência dessa história com a finalidade de recordar tudo aquilo que viveu, como maneira de garantir que o que aprendeu, ou suas crenças, chegasse às gerações seguintes. E isso não foi um privilégio exclusivo de Israel, mas de muitos povos. Os livros bíblicos não surgiram de forma mágica ou ditada por uma criatura celeste, como acredita a fé mulçumana, por exemplo. Para os mulçumanos, seu Livro Sagrado, chamado *Alcorão,* foi ditado por um anjo a Maomé.

Para o entendimento judaico-cristão, a Sagrada Escritura foi escrita por diversos **autores humanos**, homens que fizeram parte deste mundo, verdadeiros, a maioria deles é de anônimos. Esses autores registraram a mensagem divina utilizando as mais variadas formas da linguagem humana, conhecidas então por eles, o que dinamiza a transmissão da mensagem e requer sua contextualização. Então, conforme Mannucci (2008, p. 74), "a Palavra de Deus encontra-se, naquelas páginas tão humanas, revelada e ao mesmo tempo escondida".

3.1 O processo de construção do Antigo Testamento

Trataremos agora da formação do Antigo Testamento e do processo no qual ele se desenvolveu, entre a transmissão oral e a escrita dos textos.

A Bíblia contém textos que foram escritos há mais de três milênios, e o processo de formação do Antigo Testamento perdurou por praticamente mil anos (Brown; Collins, 2011). Essa informação sugere que a formação do Antigo Testamento se desenvolveu com certa complexidade.

Os escritos veterotestamentários mais antigos são duas composições poéticas, dois cânticos: um pertencente ao livro do Êxodo, o *Cântico de Maria* (Ex 15,1-18); outro encontrado no livro de Juízes, o *Cântico de Débora* (Jz 5). Ambos os textos remontam ao século XII a.C. Já os últimos textos que constam na Bíblia hebraica são os livros de Daniel e Ester, que datam do século II a.C. (Brown; Collins, 2011).

No caso da Bíblia católica, que tem cânon mais extenso, os escritos veterotestamentários mais recentes são o segundo livro dos Macabeus e o livro da Sabedoria, com datação aproximada do ano 100 a.C. (Brown; Collins, 2011).

Desse modo, há duas versões do Antigo Testamento: uma em língua hebraica, a Bíblia judaica, e uma tradução para a língua grega, que integra o cânon bíblico católico.

A Bíblia hebraica ou Escritura Sagrada judaica tem uma estrutura tripartida conhecida como *Tanak*. Esse termo está relacionado às três categorias de livros que compõem essa estrutura. As consoantes se referem às iniciais de cada um dos blocos, de acordo com Konings (2000), da seguinte maneira:

- T – A Lei, ou seja, a *Torah*, é composta pelos cinco livros do Pentateuco.
- N – Os Profetas, em hebraico, *Nebîm*, abrange os profetas anteriores, compostos pelos livros de Josué, Juízes, Samuel e Reis, e os profetas posteriores, formados pelos livros de Isaías, Jeremias, Ezequiel e os doze profetas menores.
- K – Os Escritos, *Ketubìm*, são compostos pelos livros de Salmos, Provérbios, Jó, Cântico dos Cânticos, Rute, Lamentações, Eclesiastes, Ester, Daniel, Esdras-Neemias e Crônicas.

A *Tanak*, ou Bíblia judaica, é composta por 39 livros. Alguns afirmam que ela contém 22 livros, relacionados ao número de letras do alfabeto hebraico. Para essa contagem são considerados como um único volume os livros de Juízes, Rute, Jeremias e Lamentações. Outros estudiosos entendem que ela tem 24 livros, sendo considerados um único volume os livros de 1 e 2 Samuel, 1 e 2 Reis, Esdras, Neemias e os doze profetas menores. Não se sabe com precisão quando essa estrutura tripla da Bíblia hebraica se tornou padrão, pois esse modo de unificar livros para se obter certa soma, na verdade, tem o propósito transmitir um significado, uma ideia de perfeição, relacionando o número de 22 livros às letras do alfabeto hebraico, e o número 24 a duas vezes 12 meses do ano ou ao número dobrado das 12 tribos de Israel (Zenger, 2003).

Ainda a respeito da Bíblia hebraica, acrescentamos que a Lei de Israel foi estabelecida antes da literatura profética. Segundo estudos mais recentes, o Decálogo (Ex 20,1-17), o Código da Aliança (Ex 20,11-23,19) e o Decálogo Ritual (Ex 34,11-26) são os códigos de leis mais antigos do Pentateuco, com datas de composição nos séculos XII e XI a.C. E o mais recente código de leis é pós-exílico, datado do século V, chamado de *Coleção Sacerdotal* (Brown; Collins, 2011). Assim, a conclusão do Pentateuco teria acontecido por volta do ano 400 a.C.

A história deuteronômica, a coleção que na Bíblia judaica compreende os livros de Josué, Juízes, Samuel e Reis, ou seja, os profetas anteriores, foi finalizada entre os anos 600 e 560 a.C. A coletânea mais heterogênea dos profetas posteriores foi composta, provavelmente, entre os anos 750 e 300 a.C. (Brown; Collins, 2011) . Um testemunho interessante da definição e da conclusão dessa última coleção está no livro do Eclesiástico, datado do ano 190 a.C. Nele, o autor, Jesus Bem Sira, menciona conhecer a “Lei e os Profetas” (Eclo 49,10). Portanto, no século II a.C., a coleção profética completa também era reconhecida como Livro Sagrado.

A coleção dos Escritos se constitui na mais diversa das coletâneas que compõem a Bíblia hebraica e a que, certamente, causou mais discussões. Finalmente, os livros aceitos no bloco dos Escritos da Bíblia hebraica, com muita probabilidade, foram todos aqueles produzidos depois do exílio na Babilônia.

A tradução grega do Antigo Testamento, chamada de *Septuaginta* ou *Setenta*, é o "primeiro exemplo de tradução de um corpo de literatura sagrada, legal, histórica e poética de um povo e de uma língua do mundo cultural semítico, à língua clássica grega" (Barrera, 1999, p. 353). A versão grega do Antigo Testamento por muito tempo foi a única e mais importante fonte de estudo da Bíblia hebraica, pois, por meio dela, os estudiosos tinham acesso a ideias exegéticas e teológicas do judaísmo. Contudo, para o cristianismo, o valor maior da Bíblia grega está na circunstância na qual os autores do Novo Testamento encontraram nela um depósito de termos e conceitos para expressarem o conteúdo e os símbolos da fé. Essa relação é evidenciada de maneira singular nas citações que os textos do Novo Testamento fazem do Antigo (Barrera, 1999).

Quanto à origem da Septuaginta, a descrição é lendária. No documento "Carta de Aristeias a Filócrates" (Brown; Johnson; O'Connell, 2011, p. 1018), do século II a.C., o funcionário da biblioteca do Rei Ptolomeu II Filadelfo, de Alexandria, no Egito, centro importante para o judaísmo, faz um pedido ao monarca. Demétrio, o bibliotecário, desejava um exemplar da Lei judaica para a biblioteca real. O rei teria solicitado ao sumo sacerdote de Jerusalém o envio de um grupo de tradutores para o Egito. Então, foram enviados à Alexandria 72 anciãos para a realização do trabalho. É daí que teria derivado o nome latino *Septuaginta* (70), considerando-se o número de tradutores registrado no documento. A tradução da Bíblia hebraica para a língua grega agradou não somente ao funcionário real, mas também foi bem vista pelos judeus que viviam em Alexandria.

Podemos imaginar, tratando-se de uma explicação com finalidade apologética, que, de fato, não há muita veracidade nessa narrativa sobre a origem da Septuaginta. Entretanto, o dado importante a ser extraído da carta de Aristeias refere-se ao momento em que foi feita uma tradução da *Torah* hebraica, no início do século III a.C. A princípio, a expressão LXX definia apenas a tradução do Pentateuco. Mais tarde, já no século IV da era cristã, o nome *Septuaginta* era usado para designar o conjunto todo de traduções e demais livros gregos que formaram o Antigo Testamento. Os outros livros veterotestamentários foram traduzidos até o final do século II a.C.

A tradução da Septuaginta também mudou a ordem dos Escritos Sagrados. O primeiro grupo de livros apresentado nessa tradução foram as narrativas históricas do povo. Depois, foram apresentados os livros de sabedoria e poesia bíblicas, os livros chamados *Sapienciais*. E, por último, aparece a coleção dos livros proféticos, que se inicia com os quatro profetas maiores e o livro de Daniel e, na sequência, os doze profetas menores, "com uma leve diferença de ordem entre a Bíblia grega e a cristã" (Konings, 2000, p. 16).

Em todas essas coleções, a bíblica grega inseriu alguns textos que não faziam parte da Bíblia hebraica, porém, eram textos bem conhecidos e utilizados na leitura dos judeus que falavam a língua grega. Além disso, vários livros receberam nomes diferentes do que tinham na composição hebraica. Por exemplo, os livros de 1 e 2 Samuel e 1 e 2 Reis, na versão grega passaram a ser denominados como livros 1, 2, 3 e 4 Reis. Dessa maneira, o primeiro livro dos Reis da bíblia hebraica é o terceiro livro dos Reis na versão grega.

Os cristãos adotaram para si a organização dos textos do Antigo Testamento da Bíblia grega, versão das primeiras comunidades cristãs, as quais eram compostas majoritariamente por membros judeus que falavam grego. Contudo, excluíram do conjunto os livros apócrifos. Com a ruptura entre judeus e cristãos, no final do século I d.C., os seguidores de Cristo foram definitivamente excluídos das sinagogas, os rabinos do judaísmo definiram que o cânon bíblico seria composto somente pelos livros da Bíblia hebraica. Mais tarde, na delimitação do Antigo Testamento feita pelos evangélicos, foram excluídos também os livros chamados *deuterocanônicos* e alguns livros da Bíblia hebraica sofreram uma divisão.

Desse modo, o Antigo Testamento da Sagrada Escritura assumida pelos cristãos católicos conta com 46 livros, possuindo, assim, um conjunto mais amplo. O Antigo Testamento da Sagrada Escritura evangélica contém atualmente 39 livros, sete a menos do que a Bíblia católica, compreendendo um conjunto mais restrito. No que diz respeito ao número de livros que compõem o Novo Testamento, o conjunto para cristãos católicos e cristãos evangélicos é idêntico.

Além disso, o conjunto do Antigo Testamento não abrange toda a "produção literária, legal, histórica, educativa do antigo Israel" (Sicre, 1994, p. 54). Inclusive, nas páginas do Antigo Testamento são mencionadas outras obras. Algumas dessas obras foram perdidas, como os Anais dos Reis de Israel e o Livro dos Justos. Outros textos não foram recebidos na Sagrada Escritura judaica nem na cristã, ficando fora do cânon bíblico; são designados como *literatura apócrifa*[1].

O termo *deuterocanônico* é o nome que a comunidade católica confere aos livros do Antigo Testamento que não foram aceitos na Bíblia judaica (*Tanak*), que teve seu cânon estabelecido depois do sínodo de Jâmnia, por volta do ano 90 d.C. A expressão, portanto, é aplicada

1 O conceito de apócrifo é dirigido aos livros que se pretendiam livros inspirados, mas não foram interpretados desse modo pelas comunidades de fé.

aos sete livros e alguns fragmentos presentes no Antigo Testamento da versão grega da Bíblia – na LXX. O termo *dêutero* tem a ver com o recebimento de tais textos em "segunda instância" (Konings, 2000). Entretanto, alguns desses livros foram de extrema importância para a teologia dos primeiros séculos do cristianismo. Para os evangélicos, eles pertencem ao grupo de livros apócrifos.

3.2 A memória e a escrita do Antigo Testamento

A história teológica do povo de Deus tem início com o patriarca Abraão, que migrou com sua família para Canaã, situação muito comum para uma época em que era fundamental a busca de regiões melhores para viver. Entretanto, o que faz toda diferença é o fato de que a aventura de Abraão foi fundamentada na fé na convocação divina: "Sai da tua terra, da tua parentela e da casa de teu pai, para a terra que te mostrarei. Eu farei de ti um grande povo, eu te abençoarei, engrandecerei seu nome, sê uma benção!" (Gn 12,1-2). Assim se iniciava uma experiência de Deus que transformou a vida de Abraão de alguma maneira que o fez traçar um caminho novo e cheio de significado.

A experiência continua nas vidas de Isaac e Jacó que, segundo a bonita explicação de Mannucci (2008, p. 76), "contam ao cair da tarde, fora da tenda, as suas aventuras. Os filhos ouvem [...] e aprendem a lição: a sua vida e a sua história estão nas mãos de Deus". E continua dizendo que essas tradições "constituem possivelmente a mais antiga etapa da complexa e multissecular formação do AT"[2] (Mannucci, 2008, p. 76).

2 AT (Antigo Testamento).

Buscar uma datação para o período dos patriarcas é uma tarefa muito difícil. Os estudiosos não arriscam, mas consideram que esse tempo tão remoto da história do Antigo Testamento deve coincidir, justamente por estar relacionada a um período de constantes migrações, com a "primeira metade do segundo milênio" (Wright et al., 2011, p. 1274).

A narrativa sobre Jacó, com grande probabilidade, é conhecida do estudante da Bíblia. Os filhos de Jacó, que anteriormente entregaram o próprio irmão por inveja, depois, se unem a José, no Egito, buscando sanar a necessidade de alimentos devido a um período de seca que assolava "toda a terra" (Gn 41,57), e por lá permanecem, ao que tudo indica, passando bem. Então, omite-se o que ocorre durante alguns séculos, não sendo dadas mais informações a respeito, a não ser quando chega o momento em que os descendentes de Jacó, chamados, nos relatos, de *hebreus*, já não são bem-vistos pela nova dinastia egípcia que os oprime.

De fato, instaura-se uma crise no Egito e a população estrangeira é explorada e escravizada. O clã que desceu ao Egito agora é um povo, e Deus chama Moisés para guiá-los para a liberdade. Esse povo deixa de ser servo do faraó, que se considerava ser absoluto, para se tornar servo de Deus, para absoluta libertação. Assim, a história, que é de salvação, retoma o caminho do Deus dos patriarcas (Abraão, Isaac e Jacó), que nessa etapa da vida do povo é conhecido pelo próprio nome!

O Deus de Abraão, de Isaac e de Jacó é o Deus presente e sensível à situação do povo que é eleito como seu! Importante e bonito é salientar que não só a divindade constitui o povo, mas a situação do povo produz um Deus que é presente, íntimo, que está junto e que faz os hebreus passarem de uma dura condição de vida, desprovida de dignidade, para um caminho que conduz à salvação, evidentemente, respeitando a liberdade humana.

Os relatos do Êxodo do Egito chamam atenção não apenas pelos eventos maravilhosos que narram, mas também pela dureza do coração daquele que se coloca contra o projeto de Deus, o faraó. O ponto alto dessa experiência de libertação tem expressão no Sinai, onde é selada a Aliança entre Deus e o povo.

Esse **pacto** mediado por Moisés tem duas partes: Deus, que faz de Israel seu povo eleito e a ele oferece a salvação; e o o povo, que escolhe responder com obediência à Lei dada pelo próprio Deus, que tem em vista a salvação do ser humano. Conforme o texto bíblico, há a necessidade de que, se tratando de um pacto, o documento seja fixado por escrito. Assim, além de testemunhar a Aliança, esse material se constitui na base do que conhecemos como *Pentateuco*.

Contudo, Moisés não entra na Terra Prometida com o povo eleito. O protagonista dessa etapa é Josué, o qual, liderando o povo, realiza a conquista de **Canaã, terra que mana leite e mel**. Os relatos da conquista da terra são transmitidos no ambiente dos santuários. É possível encontrar tais relatos no livro de Josué e de Juízes. As legislações do povo vão se desenvolvendo tendo a Lei de Moisés como base, mas se aprimorando com a nova situação do povo eleito, fixado agora na Terra Prometida (Mannucci, 2008).

Todavia, a história oficial de Israel como povo tem início com a monarquia. Logo, nesse período surge uma documentação extrabíblica (Mannucci, 2008). O primeiro líder importante de Israel nesse contexto é Saul, cuja história tem um fim trágico. Quem o sucede com muito êxito é Davi, antes um grande estrategista militar e, que como rei, conquista a antiga cidade de Jerusalém e a transforma na capital do reino.

O filho do Rei Davi, Salomão, é o responsável por promover um grande crescimento cultural em Israel. Ele constrói o Templo para o Deus de Israel. O Estado monárquico gera os próprios analistas e arquivos, sendo registrado aquilo que corresponde aos interesses desses governantes. Os livros de Samuel e 1 Reis fazem registros a respeito de Saul, Davi e Salomão.

Muitos estudiosos situam, no final do período monárquico de Salomão, "um dos peritos narradores do AT" (Mannucci, 2008, p. 78), denominado *Javista*. Nesse momento, a memória do povo de Israel tem um progresso impressionante. Com base nas tradições orais, nos escritos já existentes de gênero poético e na releitura crítica da mitologia de outros povos, nasce uma história escrita da salvação, abrangendo a história da Criação, dos patriarcas e da libertação mediada por Moisés até o estabelecimento do povo em Canaã.

Um século depois, outro autor, anônimo, que os estudiosos definem como *Eloísta*, realiza seu trabalho redacional, recolhendo as tradições orais, desde Abraão até Josué, que se tinham solidificado especificamente nas tribos que constituíam o Reino do Norte, portanto, no período em que o reino já estava dividido.

A Sabedoria do povo, recebendo a influência também de outras culturas, foi recolhida e fixada por escrito num processo longo, como é o caso do livro dos Salmos, com hinos, orações e outros gêneros, produzidos desde o período de Davi até o século II a.C. Além disso, os escribas do palácio foram os responsáveis por muitas máximas sapienciais, por exemplo, o bloco central apresentado no livro dos Provérbios (Pr 10-29). A última redação desse livro aconteceu somente após o exílio na Babilônia.

No ano 931 a.C., Israel, então um reino unificado, foi divido em dois. A região norte, conhecida como *Reino de Israel*, permaneceu na história por 200 anos, estabelecendo como capital a cidade da Samaria. A região sul, chamada de *Reino de Judá*, sobreviveu até o ano 587 a.C., quando sua capital, Jerusalém, foi conquistada e destruída pelo Império Babilônio.

Apesar das situações difíceis que levaram à divisão do reino e as consequências desse processo, o povo eleito conheceu um período extraordinário, o tempo da profecia em Israel. Os profetas marcaram de forma definitiva o povo da Bíblia! Em sua vocação de anúncio e denúncia, encontram-se registradas nos livros de 1 e 2 Reis as palavras e os gestos dos grandes profetas do passado bíblico, os profetas não escritores: Elias e Eliseu (cf. 1Rs 17-22; 2Rs 1-2; 2Rs 2,19-8,15).

Na sequência estão os profetas escritores. Isso porque, de algum modo, os oráculos por eles pronunciados foram fixados por escrito, pelo próprio profeta , por discípulos ou por redatores que recolheram essas palavras no decorrer do tempo. Nomes como Amós e Oseias marcaram o Reino do Norte, enquanto Isaías e Jeremias se destacaram no Reino do Sul. Mas há ainda muitos outros profetas, como Miqueias, Naum, Sofonias e outros. Esse período profético se estendeu desde o século VIII a.C. até o exílio na Babilônia (Mannucci, 2008).

No século VII foi redigido um material que compreende a parte central do livro do Deuteronômio (do capítulo 12 ao 26), chamado de *Código Deuteronômico*. O texto tem como base, além da teologia profética, as antigas tradições do povo. Desenvolvido numa chave de leitura na perspectiva da Aliança e da fidelidade de Israel, esse documento indica que caberia ao povo cumprir sua parte no pacto, e a leitura dos acontecimentos sequenciais demonstra que isso não se confirmou (Mannucci, 2008).

A ruptura do reino unificado com Davi e Salomão, em 931 a.C., é a marca da infidelidade. O reino dividido entre norte e sul também sofreu os impactos da não observância da vontade de Deus para o povo: o Reino do Norte sofreu a derrota sob o Império Assírio, em 721 a.C.; e o Reino do Sul vivenciou o exílio, em 587 a.C. Sob esse ponto de vista, diante do catastrófico evento do exílio babilônico e a frustração que ele representou para o povo, desenvolveu-se em Israel a obra deuteronomística[3], que compreende os seguintes livros: Josué, Juízes, 1 e 2 Samuel e 1 e 2 Reis. Essas obras narram desde o evento da ocupação da Terra Prometida até a destruição do Templo e da Cidade Santa, bem como o exílio. Trata-se de uma narrativa construída sob o ponto de vista do deuteronômio, ou seja, os textos reinterpretam os fatos, sem excluir as tradições orais e escritas que já existiam, e acrescentam em seu conteúdo documentos oficiais. Contudo, na narrativa deuteronomística, há uma reconsideração da história dos eventos que ela narra, de maneira que a obra poderia ser datada na metade do século VI, ainda no contexto do exílio (Mannucci, 2008).

Na crise e na dificuldade enfrentada pelo povo, na tamanha saudade que sentiam de Sião, que nem podiam cantar às margens dos rios da Babilônia (Sl 137), o povo reescreveu sua história e procurou respostas para os questionamentos mais remotos da própria existência. Grupos sacerdotais reproduziam escritos da história da Criação até a conclusão da vocação de Moisés, no Pentateuco, num material conhecido como *códice sacerdotal* (Mannucci, 2008). O que sobressai nesse material são temas como a importância do sábado, a circuncisão e a Páscoa. Além disso, o exílio foi um momento em que Israel aproveitou para reunir as próprias leis, assim como os costumes relacionados ao culto, atualizando-os. Isso está expresso em parte no livro do Êxodo (Ex 25-31.35-39), e no livro do Levítico.

Havia um personagem especial em meio ao povo exilado, um sacerdote que era também profeta; o nome dele era Ezequiel. Em seus oráculos proféticos fala-se de todo o período do exílio. Os oráculos de Ezequiel são sinal de esperança para o povo eleito. Da mesma maneira, o autor da segunda parte do livro de Isaías, chamado também de

3 O conjunto de livros (Josué, Juízes, Samuel e Reis) identificado como *obra deuteronomística* é também denominado *história deuteronômica* por diversos autores. Por isso, conforme os autores pesquisados para a elaboração da obra, o bloco desses livros é neste material referido das duas formas.

Dêutero-Isaías (Is 40-55), semeou esperança na vida do povo, um pouco antes da vitória do rei persa sobre a Babilônia.

O livro das Lamentações coincide com o final da etapa exílica. Essa obra expõe a dor de Israel e seus lamentos sobre Jerusalém arruinada. Mesmo identificando os acontecimentos históricos com a finalidade de facilitar a compreensão sobre a formação da Bíblia como livro, não podemos deixar de assinalar o quão humana é essa jornada e como a compreensão de Deus vai se desenvolvendo a partir das experiências vividas pelo povo (Mannucci, 2008).

Embora o tão esperado momento do fim do exílio tenha chegado, não foi nada fácil para o povo eleito reconstituir a própria identidade política e religiosa. Era preciso reconstruir também a cidade, o santuário. A reconstrução do Templo não foi imediata e, quando ele ficou pronto, não era possível reconhecer nele o mesmo esplendor daquele que fora destruído (cf. Esd 3,12-13; Ag 2,3). Mesmo empregando todas as forças para um recomeço, nunca mais o povo de Israel recuperou sua independência política (Mannucci, 2008).

Entretanto, esse povo formou uma identidade predominantemente religiosa, fazendo firmar em seu seio o chamado *judaísmo*. O termo compreende "a religião e a cultura do povo hebreu como foram definindo a partir do tempo pós-exílico até o surgimento do cristianismo e que tiveram suas pilastras na Lei, nas Instituições (a primeira delas, o Templo) e na espera escatológico-apocalíptica" (Mannucci, 2008, p. 81).

Os repatriados no século V a.C. ainda conheceram algumas vozes proféticas como a de Ageu, alguns capítulos de Zacarias (Zc 1-8), o terceiro Isaías[4] (Is 56-66), como também Abdias, Joel, Malaquias e o Dêutero-Zacarias[5] (Zc 9-14). Muitos livros que compõem o Antigo

4 Se refere a uma terceira parte do livro de Isaías.

5 Se refere a uma segunda parte do livro de Zacarias.

Testamento receberam nesse período sua redação final. A monumental obra do Pentateuco se consolidou nessa etapa, e no final do século V a.C. surgiu a obra chamada *cronista*, composta pelos livros 1 e 2 Crônicas, e pelos livros de Esdras e de Neemias. Esses livros visavam fundamentar o processo que ficou conhecido como *judaísmo*, conferindo a ele autenticidade por meio: da Lei, ou seja, o Pentateuco; das instituições, destacando o culto e o sacerdócio; e da esperança de um messias da casa de Davi. Além disso, ainda nesse período, textos proféticos anteriores e contemporâneos ao período do exílio receberam retoques e acréscimos em seu conteúdo (Mannucci, 2008).

Posterior ao exílio é a literatura dita *Sapiencial*. Textos já existentes ganharam mais corpo e foram completados, como as coleções de Provérbios e de Salmos. Os livros de Jó, Eclesiastes, Cântico dos Cânticos e Eclesiástico foram escritos nessa época, assim como as chamadas *novelas* ou *midrashim*[6], gênero do qual faz parte os livros de Tobias, Ester, Judite, Jonas e, possivelmente, Rute.

No período helenístico, com todas as crises que representou para o povo, nasceu o testemunho da força e da luta de Israel, fixados no primeiro e no segundo livro de Macabeus. O contexto foi igualmente fecundo para a literatura chamada *apocalítica*, encontrada no livro de Daniel (Dn 7-12). E o livro da Sabedoria, como já mencionamos, concluiu a grande coleção de materiais do Antigo Testamento.

6 "O *midrash* [*midrashim*, no plural] é uma forma de atualização da Palavra de Deus, isto é, da Sagrada Escritura, que pode ser uma adaptação direcionada a determinado momento. [...] Os cristãos aproveitavam esse gênero literário para apresentar dados do Antigo Testamento e adaptá-los aos textos que compõem o Novo Testamento". (Simões, 2017, p. 39)

3.3 O processo de construção do Novo Testamento

Quando se faz referência ao Novo Testamento, é comum as pessoas pensarem que esse conjunto de livros já existia desde o começo do cristianismo ou até antes. Quando os primeiros cristãos falavam de Escrituras, eles estavam se referindo aos livros sagrados do judaísmo, ou seja, à Lei, aos Profetas e aos outros Escritos.

Os textos neotestamentários, escritos há aproximadamente dois mil anos, apesar de terem uma linguagem muito mais próxima da linguagem da atualidade, apresentam, assim como os textos do Antigo Testamento, características muito particulares, as quais devem ser conhecidas a fim de evitar leituras e interpretações equivocadas.

Primeiro, contextualizaremos o tempo em que o Novo Testamento, aqui entendido como vinda do Cristo, foi vivido. Nesse período, Israel se colocava em espera. O povo eleito experimentara um período de silêncio da Palavra de Deus. Israel se lamentava a respeito das vozes proféticas que já não se faziam presentes há algum tempo no meio do povo: "Já não vemos nossos sinais, não existem mais profetas, e dentre nós ninguém sabe até quando" (Sl 74,9).

Considerando esse sentimento, podemos imaginar a reação do povo de Deus, quando, por volta dos anos 28-30 da era cristã, se levantou uma voz forte e profética entre os judeus: João Batista, aquele que veio preparar o caminho do Senhor. João foi um personagem tão importante que, na compreensão cristã, foi interpretado como o último profeta do Antigo Testamento. Ele faz a ponte entre a Antiga e a Nova Aliança. Afinal, em Jesus Cristo o tempo foi levado à plenitude!

Um novo mestre surgiu para Israel, Jesus, que depois de ser batizado por João, iniciou seu ministério de instauração do Reino de Deus.

Com uma postura bem diferente daquela dos mestres judeus, ele ensinava com autoridade (Mc 1,22.27; 2,12) e despertava a atenção tanto das multidões como das lideranças religiosas. Além disso, Jesus de Nazaré perdoava pecados, mas não tinha receio dos conflitos com aqueles que distorciam a Palavra de Deus. Ele se colocava entre os marginalizados da época, realizava milagres, chamava discípulos e permitia o seguimento das mulheres. Anunciava a Boa Notícia do reinado de Deus, ele mesmo era o próprio Evangelho.

O Reino de Deus compreende duas realidades a um só tempo: (1) Ele é Deus já presente na história humana como ação salvadora; (2) Ele é o fim último da humanidade, o escatológico, quando o velho mundo será substituído pelo novo. Desse modo, o reino é tensão entre presente e futuro – no presente, a soberania de Deus já estabelecida, que salva e, ao mesmo tempo, convoca cada homem e mulher e os compromete com esse governo salvífico; no futuro, o reino em sua plenitude, na Parusia do Senhor, no juízo final, na nova Criação em Cristo.

Ao redor de Jesus de Nazaré nasceu um movimento, um grupo de discípulas e discípulos que receberam a incumbência de anunciar o reinado de Deus já durante o ministério de Jesus, mas que foram instituídos como testemunhas desse mesmo reino após a morte e a ressurreição de Cristo (Mt 28,18-20; Lc 24,45-49; At 1,8).

As primeiras décadas do movimento cristão não produziram literatura concomitantemente à experiência do ministério ou da ressurreição de Jesus. Aliás, não existe nenhum registro de que Jesus tenha escrito alguma palavra ou elaborado um texto sobre sua Revelação. A proclamação da chegada do Reino de Deus não dependeu de material escrito, mas da própria pessoa de Jesus. Além disso, uma importante característica das primeiras gerações cristãs é que eram comunidades intensamente escatológicas. Elas aguardavam a Parusia de Jesus, a segunda vinda, que consideravam que deveria acontecer muito em breve. Enquanto isso, a Sagrada Escritura para os cristãos era o Antigo Testamento de Israel, junto à memória das palavras e ações de Jesus. Os cristãos liam os textos sagrados a partir da vida, morte e ressurreição de Jesus Cristo.

3.3.1 A memória e a escrita do Novo Testamento

Os evangelhos não foram os primeiros textos a inaugurar o conjunto neotestamentário, como muitas vezes se imagina. Em verdade, as cartas foram os primeiros escritos do cristianismo, tendo a finalidade de dar respostas aos problemas urgentes das comunidades. E Paulo, o grande missionário do mundo gentio, tornou-se o primeiro escritor do Novo Testamento. Nos anos 50 d.C., Paulo escreveu os documentos mais antigos do cristianismo às comunidades por ele fundadas: sua primeira carta aos tessalonicenses, a carta aos gálatas, a carta aos filipenses, a carta a Filêmon, a primeira e a segunda carta aos coríntios e a carta aos romanos. O fator determinante para a elaboração das epístolas paulinas foi a circunstância missionária do autor; Paulo mudava-se constantemente de cidade, justamente por sua missão. Logo, o meio de comunicação com as comunidades com as quais tinha convivido eram as cartas (Brown, 2012), sempre orientando-se pelo desejo de estabelecer com as comunidades uma relação de comunhão.

Por volta do ano 60 d.C., alguns dos chamados *notáveis*, protagonistas da primeira geração cristã, membros do grupo apostólico, não estavam mais presentes. Foi o desaparecimento de cristãos dessa geração, como Paulo, Pedro e Tiago, que colaborou com a produção de obras de um caráter mais definitivo.

As cartas continuaram a ser um meio importante para a pregação e a comunicação cristã, mesmo aquelas que não foram redigidas por Paulo. Na verdade, algumas delas, não escritas por esse grande evangelizador pregador, foram atribuídas a ele com o propósito de dar a essas cartas a autoridade do missionário. Por isso, esse material é chamado de *escritos deuteropaulinos*, cuja composição é datada entre os anos 70 e 100 d.C. Fazem parte desse grupo a segunda carta aos tessalonicenses, a carta aos colossenses e as cartas pastorais, a primeira e a segunda carta a Timóteo e Tito – todas elas escritas, portanto, bem depois que Paulo havia morrido (Brown, 2012). A carta aos hebreus, de autoria anônima, que foi escrita , muito provavelmente, no ano 80 d.C., contém uma magnífica tese a respeito da mediação sacerdotal de Jesus Cristo (Mannucci, 2008).

A composição das cartas que carregam o nome de três grandes apóstolos, Pedro, Tiago e Judas, é posterior ao ano 70 d.C. Essas três epístolas, juntamente com a primeira, a segunda e a terceira cartas de João, são conhecidas como *cartas católicas*, de cunho mais universal (Brown, 2012).

Os livros de gênero *evangelho* foram escritos, muito provavelmente, num período de 30 a 40 anos. O primeiro livro desse gênero a ser escrito foi o texto de Marcos, por volta do ano 60 ou 70 d.C. O material apresentado por Marcos consiste numa narrativa histórico-teológica de Jesus, construído a partir dos ensinamentos e das ações de Jesus. Uma ou duas décadas depois da composição do primeiro evangelho, foram redigidas outras duas narrativas, o Evangelho segundo Mateus, nos anos 80 d.C., e o Evangelho segundo Lucas, por volta dos anos 90 d.C. Ambos os materiais fornecem mais informações, como narrativas sobre a infância de Jesus, além de mais notícias sobre o evento da ressurreição e as aparições do ressuscitado. Os evangelhos surgiram também como uma necessidade de conservação da memória oral e viva de

Jesus de Nazaré. Eles asseguram a transmissão dos fatos, a verdadeira mensagem de Jesus que poderia se diluir no tempo (Mannucci, 2008).

O quarto e último evangelho apresentado na lista canônica neotestamentária é o evangelho de João, cuja redação é bem tardia em relação aos Evangelhos Sinóticos, entre os anos 90 e 100 d.C. Além disso, o texto apresenta uma cristologia mais amadurecida, em consequência, exatamente, dessa distância temporal em comparação aos demais textos.

O livro dos Atos dos Apóstolos, que também apresenta um caráter mais permanente, tem sua autoria conferida a Lucas, o mesmo autor do terceiro evangelho. Aliás, essa obra dá continuidade aos evangelhos, narrando a história da Igreja. No prólogo do livro, há a informação de que a narrativa é posterior a um primeiro trabalho do autor: um relato "a respeito das coisas que Jesus fez e ensinou" (At 1,1). Portanto, esse material foi redigido um pouco depois da redação do evangelho; a maioria dos estudiosos considera os anos 80 a 90 d.C. como data para a composição desse livro[7].

O Apocalipse, um livro de gênero muito particular na literatura bíblica, tem a intenção de manter as igrejas despertas e conscientes da fé e do comprometimento delas num contexto de extrema perseguição. Além disso, o livro contempla um ambiente litúrgico e uma linguagem carregada de simbolismo; o livro é considerado um material profético, que apresenta ao leitor um Deus que domina toda a história, inclusive seu fim último. Esse bonito e profundo material que encerra a lista de livros sagrados neotestamentários é datado entre os anos 92 e 96 d.C., época final do reinado de Domiciano, imperador romano.

Nem sempre, na busca de aprofundamento no estudo da Bíblia, você, leitor, encontrará autores que concordem com as datações mencionadas aqui, dependendo do livro consultado. Isso porque a datação,

7 Para um aprofundamento sobre autoria e datação dos Evangelhos Sinóticos e o Livro dos Atos dos Apóstolos, indicamos a leitura de Simões (2017).

como já citado, não se trata de uma tarefa simples ou que seja obtida com exatidão.

Nosso propósito aqui, ao apresentar a formação dos dois Testamentos bíblicos é levar você, leitor, a perceber a íntima relação na construção dos textos, ou na elaboração de cada um dos livros, com a história-experiência do povo da Bíblia, evidenciando a relação próxima entre tradição oral e memória escrita.

3.4 A autoria dos textos bíblicos

Para compreender a **concepção de autor na Antiguidade** não se pode ficar preso à ideia de autor corrente na modernidade. Por isso, falar a respeito da autoria dos textos bíblicos é uma questão que envolve a mesma complexidade que atinge a datação dessas obras.

Se buscarmos uma compreensão a respeito desse tema partindo dos padrões atuais das editoras e dos livros, não iremos muito longe. A maioria dos livros contidos na Bíblia tem autoria desconhecida ou pseudônima, apenas alguns poucos autores podem ser identificados. E ainda teremos que levar em consideração que grande parte desses textos é produto do trabalho não de um único autor, mas de diversos autores até que a obra tenha chegado a sua forma definitiva. Esses autores, na grande maioria das vezes, permaneceram anônimos.

Não obstante, esse assunto envolve igualmente a questão da **inspiração**. Considerando textos que foram compostos por diversos autores até a redação final, qual seria o autor inspirado? Apenas um redator final? Mas e o restante da obra, produzida por outras pessoas? De acordo com Mannucci (2008, p. 184), "parece mais correto, [sic] estender a inspiração aos diversos autores que participaram da formação de um livro e na medida da sua contribuição: Deus teria guiado todo o processo da formação literária de um livro, sobretudo nos seus momentos decisivos".

Deus mesmo é quem move, por meio do seu Espírito, os autores bíblicos, pelos quais ele salva, promove e chama o povo.

Portanto, precisamos ter claro que os livros que compõem a Bíblia foram escritos por homens reais, inspirados, mas humanos como nós. Esses autores tinham uma preocupação em comum: narrar os feitos de seu povo, sua história com Deus, a eleição divina, o caminho percorrido e, dessa maneira, também testemunhar esses acontecimentos milenares.

Para explicarmos melhor a diversidade de autores dos livros sagrados e descoberta dessa realidade literária, consideremos o Pentateuco. Por muito tempo na história, praticamente por dois milênios, a autoria desse bloco constituído por cinco livros foi atribuída unicamente a Moisés. Esse era o entendimento tanto na tradição judaica quanto na tradição cristã. Moisés é o grande personagem que simboliza a Lei em Israel. Hoje, porém, sabe-se que esses livros foram escritos bem depois da morte de Moisés. O livro do Gênesis, por exemplo, foi escrito por vários autores. Conforme os estudiosos Clifford e Murphy (2013, p. 59), esse livro é, na verdade, "uma compilação, em cinco seções, de diversas tradições de períodos variados". Aliás, quanto à formação do grandioso bloco do Pentateuco, segundo Murphy (2013, p. 50), deve-se considerar "ainda como mistério". De fato, não temos a pretensão de aprofundar o assunto, mas possibilitar que você, leitor, se familiarize um pouco com ele. Nos estudos sobre cada um dos livros bíblicos, há explicações diferenciadas sobre o tema.

Ainda podemos mencionar o primeiro e o segundo livro de Samuel, material que passou por várias etapas até chegar à versão definitiva. Sinal desse fenômeno são as explícitas "indicações de duplicação e descontinuidade do texto" (Campbell; Flanagan, 2013, p. 320).

Para mencionar um texto profético, McCarthy e Murphy (2013) supõem que o livro de Oseias, em seu processo de construção, surgiu como os demais livros proféticos: o público ao qual se dirigiu o profeta, principalmente aqueles seguidores mais próximos, e, talvez, o próprio mensageiro "anotaram seus ditos e grupos de ditos mais ou menos ao tempo de sua pregação; a coleção dessas notas junto com ditos memorizados do profeta dentro de um livro foi um processo gradual" (McCarthy; Murphy 2013, p. 455).

O Eclesiástico, que faz parte do conjunto dos livros Sapienciais e do grupo de livros deuterocanônicos, é o único do Antigo Testamento sobre o qual há certeza de sua autoria. Vale a pena conferir o prólogo do Eclesiástico: o tradutor, que se apresenta como neto do autor e que fez a tradução do material do hebraico para a língua grega, informa o nome de quem o teria escrito: Jesus Ben Sira. Segundo o conteúdo do livro, Jesus Ben Sira teria vivido em Jerusalém (Eclo 50,27), era estudioso conhecedor das Escrituras: a Lei, os profetas e os Escritos. O texto foi composto num período difícil para os judeus, época da dominação grega, no contexto da helenização, e o autor tem a intenção de confirmar a sabedoria e a forma de viver judaica como superior ao estilo de vida dos gregos. A datação do escrito é garantida pelo tradutor na introdução do texto (prólogo do tradutor); o ano, então, deve ser 132 a.C. (Di Lella, 2013).

No que concerne aos autores dos livros neotestamentários, referimos a situação dos Evangelhos Sinóticos como exemplo. As narrativas histórico-teológicas a respeito do ministério, da paixão, da morte e da ressurreição de Jesus Cristo são obras anônimas. É a antiga tradição da Igreja que testemunha sobre os autores evangélicos.

A mais antiga afirmação que cita Marcos como autor do primeiro evangelho data do século II, com Pápias de Hierápolis, conforme registrado na obra de Eusébio de Cesareia: *História eclesiástica* (Simões, 2017). Sobre o Evangelho segundo São Mateus, também a tradição patrística mais remota que testemunha Mateus como autor é de Pápias de Hierápolis. Quanto ao livro que a Igreja reconhece como Evangelho segundo Lucas, "existem sete testemunhas principais sobre o autor: o Cânon de Muratori, Irineu, o prólogo ao Evangelho do final do século II, Tertuliano, Orígenes, Eusébio e Jerônimo" (Karris, 2011, p. 217).

Por isso, é fundamental entender que a Bíblia não é um livro de história – na compreensão moderna – nem um livro de ciências, mas um livro de mensagem, inspirado por Deus e relatado de forma escrita por homens e mulheres que viveram uma experiência, esta sim histórica; trata-se de uma experiência de salvação e amor de Deus.

3.4.1 Os gêneros literários da Bíblia (linguagem dos autores bíblicos)

Os autores sagrados emanaram de um povo e sua cultura. São homens concretos pertencentes a um contexto específico, diante de uma comunidade determinada na história. Para construir as narrativas, cada um dos hagiógrafos[8] utilizou-se de um jeito próprio de escrever, objetivando fixar e comunicar a mensagem divina. Por isso, para compreender essa mensagem, é necessário "pesquisar com atenção o sentido visado diretamente pelo autor sagrado e o que Deus entendia manifestar por tais palavras" (DV, n. 12).

Desse modo, torna-se importantíssimo para a interpretação dos textos considerar os gêneros literários nos quais esses materiais foram compostos, conforme assegura a constituição dogmática *Dei Verbum*:

> A verdade se propõe e se exprime diferentemente nos diversos textos históricos, proféticos, poéticos ou de qualquer outro gênero.

8 Os autores sagrados.

> É indispensável que o intérprete procure saber, levando em consideração as circunstâncias de tempo e de cultura em que escrevia o autor sagrado, qual dos gêneros literários quis usar ou usou para se exprimir, dentre os que eram correntes em sua época. (DV, n. 12)

Exatamente como a *Dei Verbum* afirma, a linguagem na qual os autores sagrados expressavam-se era própria da cultura deles. Além disso, o público a quem primeiramente foi dirigida a mensagem bíblica fazia parte desse mundo literário, do qual estamos muito distantes. Sublinhamos que, para uma interpretação correta dos textos, é preciso levar em consideração o ambiente, o sentir, o falar, o narrar daquelas pessoas. Afinal, "a Sagrada Escritura deve ser lida e interpretada no mesmo Espírito com que foi escrita" (DV, n. 12).

Com essa convicção, apresentaremos a seguir, de maneira breve, alguns desses gêneros ou formas literárias com a finalidade de contribuir para seu conhecimento e despertar seu interesse pelo assunto[9].

O **gênero das etiologias** engloba narrativas que proporcionam ao leitor uma explicação sobre determinada situação ou a respeito de um nome. A etiologia pode ser um subterfúgio, por exemplo, o nome Mara (Ex 15,23), ou uma narrativa com a finalidade de explicar um acontecimento, como o relato que legitima no Gênesis um imposto territorial (Gn 47,13-26) (Murphy, 2013).

O **gênero de ritual** descreve como a comunidade deve realizar cerimônias religiosas, entre elas as prescrições sacrificiais ou ofertas (Dt 26,1-11; Lv 1-7) (Murphy, 2013).

O **gênero da genealogia** compreende as listas que apresentam a descendência do povo. Na Antiguidade, essas listas serviam muito mais para indicar ligações comerciais, geográficas ou grupos sociais do que o parentesco de sangue das pessoas (Murphy, 2013).

9 "É preciso notar que a terminologia nesse campo não é uniforme. Enquanto alguns autores distinguem entre formas e gêneros literários, inclusive descrevendo-os de modos diferentes, outros os identificam plenamente" (Caro, 2011a, p. 338).

O **gênero dos *hieros logos*** (ou palavras sagradas) apresenta as tradições que explicam a origem de um lugar considerado santo (Gn 28,10-22; 33,18-20) (Murphy, 2013).

O **gênero das lendas** compreende narrativas de fatos extraordinários, maravilhosos, miraculosos que têm a intenção de edificar o ouvinte ou leitor desses relatos (Gn 22,1-19; Nm 25,6-12) (Murphy, 2013).

O **gênero dos contos** compreende narrativas com uma trama que prende a atenção do leitor, criando a curiosidade sobre o desfecho. Alguns autores chamam esse tipo de forma literária também de *novela*. Como exemplo, citamos a história de José e o livro de Rute (Murphy, 2013).

O **gênero do mito** abrange narrativas não históricas. Elas podem ser consideradas atos de fé. O mito "procura impor forma inteligível às realidades que transcendem a experiência. [...] ele não pretende que o símbolo seja realidade, mas ele propõe o símbolo como aquilo que proporciona um discernimento de uma realidade além do entendimento" (Mckenzie, 2011, p. 1396).

O **gênero das parábolas** compreende as narrativas que levam quem as escuta ou lê a discernir certa situação graças à comparação com a história que elas relatam. Um bom exemplo de parábola está no capítulo 12 do segundo livro de Samuel. E, certamente, podemos lembrar facilmente das parábolas contadas por Jesus, como a do semeador (Mt 13,3ss) ou a do grão de mostarda (Mt 13,31-32).

O **gênero das metáforas** utiliza-se de uma ideia com a finalidade de dar um significado a outro objeto ou indivíduo. Por exemplo, quando, no Evangelho segundo Mateus, Jesus diz aos discípulos: "Vós sois o sal da terra. [...] Vós sois a luz do mundo" (Mt 5,13-14) (Wegner, 2009).

O **gênero do milagre** compreende as narrativas que apresentam curas, exorcismos ou interferências daquele que realiza o milagre nos elementos da natureza (Mc 1,23-27; 4,37-41) (Wegner, 2009).

O **gênero do evangelho** corresponde a narrativas histórico-teológicas que apresentam "a história de Jesus na forma de um testemunho existencialmente engajado, o que lhes confere um caráter singular" (Wegner, 2009, p. 181).

Alguns dos gêneros literários que compõem os textos bíblicos são fáceis de ser reconhecidos, outros, não. Há, ainda, na Sagrada Escritura formas literárias como a dos cânticos de louvor, das súplicas, dos oráculos, dos *midrashim*, das controvérsias e muitos outros nos quais não nos deteremos aqui.

Reforçamos, porém, a importância de conhecê-los para uma correta interpretação do sentido da mensagem de cada um dos textos, isolados e no conjunto literário do qual fazem parte. Então, a partir desses conhecimentos, há maior possibilidade de compreender as narrativas e fazer a atualização delas.

3.5 A importância da contextualização dos textos

Até este ponto da obra, fizemos vários esclarecimentos sobre o mundo bíblico e sua geografia, os povos circunvizinhos a Israel e as influências estrangeiras que esse povo assimilou, sempre abordando a Revelação de Deus para e dentro de um grupo humano específico que tem uma história e cultura próprias. Com isso, certamente, você já inferiu a importância da contextualização dos textos sagrados.

Sublinhamos mais uma vez que cada um dos livros que compõem a Bíblia foi formulado em um contexto histórico bem-definido, mesmo passando por redações posteriores, em que são considerados também os acontecimentos de tal período.

Desse modo, não é adequado ler e interpretar os textos bíblicos de maneira literal nos dias de hoje. As narrativas, as parábolas, as cartas, antes de tudo, têm um "endereço".

Verifiquemos o exemplo do profeta Amós. No segundo capítulo do livro, depois de uma série de oráculos contra outras nações, o profeta fala da circunstância em que se encontra Israel, o Reino do Norte, e dos crimes, sobre os quais desenvolve uma lista. Entre esses crimes, destacam-se as acusações mais graves: "vendem o justo por dinheiro [...] tornam torto o caminho dos pobres [...] se estendem sobre vestes penhoradas" (Am 2,6-16).

Obviamente, à luz do texto bíblico, podemos e devemos transportar para a vida prática, individual e comunitária, a vontade de Deus, que é a mesma de justiça, libertação e amor para todas as pessoas. Isso, porém, não implica ignorar que o texto menciona os fatos de um período específico em que as pessoas precisavam recordar o que verdadeiramente Deus fez pelo povo para que nunca mais vivessem na opressão.

Outro exemplo da importância de contextualização de um texto, agora do Novo Testamento, são as cartas paulinas. Sobre cada uma das epístolas de Paulo, Brown (2012, p. 58) afirma que "existe um tom de ênfase de certa forma diferentes [sic] em cada um, de acordo com o que Paulo percebia serem as necessidades das respectivas comunidades em cada momento". Dito de outro modo, antes de fazer uma leitura geral das cartas, é preciso compreender a qual comunidade ela foi dirigida e quais eram os acontecimentos relacionados a ela para que Paulo decidisse dar determinada instrução.

Podemos ainda falar dos evangelhos. Afinal, quantas vezes nos deparamos com interpretações das narrativas sobre o ministério, a paixão, a morte e a ressurreição de Jesus, que desconsideram o contexto dessas situações? No processo de elaboração desses textos, cada um dos evangelistas, além de recolher as tradições sobre Jesus, considerou a comunidade na qual estavam inseridos, lidando com diversas questões como: a constituição (judeus, pagãos, comunidade mista); os problemas (falsos profetas, prática que não condizia com a vida de um cristão); os conflitos (com o judaísmo ou as religiões pagãs); e as inseguranças (perseguição, confusão a respeito da Parusia).

A redação do Evangelho Segundo Marcos, por exemplo, pode ser situada "no contexto da crise dos anos 65 (a guerra na Palestina, a perseguição de Nero em Roma, o martírio de Pedro...), como tentativa de gravar a memória da pregação apostólica [...] numa maneira que fosse anúncio aos seus contemporâneos" (Konings, 2000, p. 152).

O Evangelho segundo Mateus, primeiro na lista dos livros do cânon do Novo Testamento, foi escrito no interior de uma comunidade que enfrentava um período de conflito com o "'novo judaísmo' de inspiração farisaica" (Konings, 2000, p. 152). Dessa forma, o contexto em que o evangelista Mateus estava inserido, uma comunidade em conflito com o judaísmo, fez muita diferença na maneira de interpretar e narrar os fatos relacionados ao ministério de Jesus.

Consciente da importância da contextualização dos textos, o estudante de teologia pode se aproximar de modo mais adequado para estudá-los e aprender com o terreno fértil da Sagrada Escritura.

No próximo capítulo, aprofundaremos o tema da transmissão da Palavra de Deus na história e explicaremos como ela acontece por meio da dinâmica da tradição religiosa.

Síntese

Neste capítulo, reforçamos que a Bíblia não foi formulada simultaneamente à Revelação, tendo ocorrido um processo de construção que perdurou séculos. Demonstramos também que os primeiros textos do Antigo Testamento foram duas composições poéticas, uma localizada no livro do Êxodo (Ex 15,1-18) e a outra, no livro dos Juízes (Jz 5).

Quanto aos últimos escritos veterotestamentários, mencionamos as diferenças entre a Bíblia judaica e a grega. Para a corrente hebraica ou judaica, os últimos escritos são os livros de Daniel e de Ester, datados do século II a.C.; para a Bíblia católica, que considera a versão grega do Antigo Testamento, os últimos textos a serem escritos são os livros de 2 Macabeus e o livro da Sabedoria.

Esclarecemos que não há consenso quanto ao número de livros e aos títulos nas diferentes versões do Antigo Testamento, cuja versão grega, chamada *Septuaginta*, foi de grande importância, não apenas para os judeus da diáspora, mas também para a comunidade cristã primitiva, que lia e utilizava essa versão para assegurar e guiar sua fé em Jesus Cristo.

Ressaltamos, ainda, a complexidade da formação do conjunto do Novo Testamento e acentuamos a necessidade de se conhecer o contexto em que cada um dos livros foi redigido. Além disso, informamos que os primeiros escritos do Novo Testamento não foram as narrativas evangélicas, mas algumas cartas paulinas.

Versamos sobre a memória e a escrita dos textos bíblicos e as diversas formas literárias utilizadas na construção desses textos, como os mitos, as lendas, as genealogias e outras.

Por fim, reiteramos a importância da contextualização das narrativas bíblicas, com a finalidade de facilitar a intepretação e a atualização desses textos, evitando, desse modo, leituras equivocadas.

Atividades de autoavaliação

1. As afirmativas a seguir explicam como se deu o processo de construção do Antigo Testamento. Leia-as com atenção e marque V para as afirmativas verdadeiras e F para as falsas:

( ) O processo de formação do Antigo Testamento perdurou por 50 anos, já que os livros que fazem parte desse bloco foram escritos de uma só vez.

( ) Os escritos mais antigos do Antigo Testamento são as seguintes composições poéticas: o Cântico de Maria (Ex 15,1-18) e o Cântico de Débora (Jz 5).

( ) Os últimos textos do Antigo Testamento da Bíblia hebraica a serem escritos foram os livros de Daniel e de Ester.

( ) O Apocalipse foi o último livro do Antigo Testamento da Bíblia católica a ser escrito.

Agora, assinale a alternativa que apresenta a sequência correta de preenchimento dos parênteses, de cima para baixo:

a) F, F, V, F.
b) V, F, F, V.
c) F, V, V, F.
d) F, V, F, V.
e) V, V, F, F.

2. A Bíblia hebraica ou Escritura Sagrada judaica tem uma estrutura tripartida conhecida como *Tanak.*, termo relacionado às três categorias de livros que compõem a Bíblia. Assinale a alternativa que apresenta essas categorias, respectivamente:

a) A Lei, os Profetas e os Evangelhos.
b) A Lei, os Profetas e os Escritos.
c) A Criação, os Profetas e os Escritos.
d) A Lei, os Profetas e os Evangelhos.
e) A *Torah*, os Sapienciais e os Evangelhos.

3. Com relação à formação do Novo Testamento, leia as afirmativas a seguir:
   I. Ao redor de Jesus de Nazaré nasceu um movimento, um grupo de discípulas e discípulos que receberam a incumbência de anunciar o reinado de Deus já durante o ministério de Jesus e que foram instituídos como testemunhas desse mesmo reino após a morte e a ressurreição de Cristo.
   II. As primeiras décadas do movimento cristão produziram muita literatura imediatamente à experiência do ministério ou da ressurreição de Jesus. Aliás, existem diversos registros de que Jesus tenha elaborado um texto sobre sua Revelação.
   III. A proclamação da chegada do Reino de Deus não dependeu de material escrito, mas da própria pessoa de Jesus. Além disso, uma importante característica das primeiras gerações cristãs é a de que eram comunidades intensamente escatológicas.
   IV. O gênero das cartas compreende os últimos escritos que surgiram no cristianismo, com uma finalidade própria: dar respostas aos problemas constantes no século X da era cristã.

   Estão corretas apenas as sentenças:
   a) I e III.
   b) II e III.
   c) I e IV.
   d) II e IV.
   e) III e IV.

4. Leia o trecho a seguir:

   > Finalmente, como a Sagrada Escritura deve ser lida e interpretada no mesmo Espírito com que foi escrita, para entender corretamente o sentido dos textos sagrados não se pode desprezar o conteúdo e a unidade de toda a Escritura, nem deixar de levar em conta a tradição viva de toda a Igreja e a analogia da fé. (DV, n. 12)

Esse trecho trata da relevância de se considerar não apenas o conteúdo , mas também a unidade da Escritura, assim como mostra a a importância da tradição da Igreja. Assinale a alternativa que indica corretamente o nome desse documento da Igreja Católica:

a) Bíblia Sagrada.
b) *Gaudium et Spes.*
c) *Evangelii Gaudium.*
d) *Lumen gentium.*
e) *Dei Verbum.*

5. Leia o seguinte trecho:

> Procura impor forma inteligível às realidades que transcendem a experiência. [...] ele não pretende que o símbolo seja realidade, mas ele propõe o símbolo como aquilo que proporciona um discernimento de uma realidade além do entendimento. (Mckenzie, 1983, p. 1396)

Essa é a descrição de qual gênero literário?

a) Gênero da genealogia.
b) Gênero do mito.
c) Gênero da parábola.
d) Gênero do milagre.
e) Gênero da etiologia.

Atividades de aprendizagem

Questões para reflexão

1. Sabendo que as duas primeiras composições do Antigo Testamento são poéticas: o Cântico de Maria (Ex 15,1-18) e o Cântico de Débora (Jz 5), faça uma leitura atenta desses dois textos e desenvolva um estudo de comparação. Analise sobre o que se referem os textos, verifique se há semelhanças entre eles ou se são diferentes.

2. Considere o texto a seguir:

> A verdade se propõe e se exprime diferentemente nos diversos textos históricos, proféticos, poéticos ou de qualquer outro gênero. É indispensável que o intérprete procure saber, levando em consideração as circunstâncias de tempo e de cultura em que escrevia o autor sagrado, qual dos gêneros literários quis usar ou usou para se exprimir, dentre os que eram correntes em sua época. (DV, n. 12)

Este texto da constituição conciliar *Dei Verbum* menciona a importância de se considerar as formas e os gêneros literários na qual foi construído um livro todo ou determinada passagem bíblica. Com base nesse conhecimento, recorde uma passagem evangélica e desenvolva uma pequena pesquisa sobre o gênero no qual ela foi escrita. Depois, reflita sobre as seguintes questões:

a) Atualmente são utilizadas formas diversas na evangelização para alcançar um público determinado?
b) É possível comparar as diferentes formas de evangelização com a diversidade dos gêneros literários que são encontrados na Bíblia?
c) Anote o resultado.

Atividade aplicada: prática

1. Entreviste cristãos de sua comunidade com o intuito de verificar o conhecimento que têm a respeito da formação e dos autores dos textos bíblicos. Utilize, entre outras, perguntas como as seguintes:
   a) De que modo você pensa que foi escrita a Bíblia?
   b) Quantos livros compõem o Antigo Testamento? Qual o primeiro livro a ser escrito do Novo Testamento?
   c) Se você achar interessante o resultado da entrevista, você pode levá-lo ao conhecimento do pároco de sua comunidade com a proposta de criação de um grupo de pessoas interessadas no estudo da Bíblia.

4

A transmissão da Palavra de Deus na história

Neste capítulo, versaremos sobre a transmissão da Palavra de Deus na história humana, na tradição religiosa do povo de Israel e no cristianismo, considerando a tradição apostólica e sua continuidade na Igreja, demarcando as diferenças entre as tradições do Antigo e do Novo Testamento.

A Sagrada Escritura é constituída, como informamos nos capítulos precedentes, por textos muito antigos, produzidos histórica e culturalmente em um tempo inacessível aos leitores atuais (Parmentier, 2009). De fato, esses livros se encontram definitivamente "extraídos de seus contextos originais" (Parmentier, 2009, p. 32).

São ciências como a arqueologia e a história, assim como os estudos exegéticos, que possibilitam reconstruir aquelas experiências, reconstituir o cenário delas e fazer especulações. Ainda assim, os leitores atuais sempre são como estrangeiros diante desses textos.

Entretanto, mesmo produzida por diversos autores, pertencentes a épocas e teologias diversas, a Palavra (mensagem) que a Bíblia carrega percorre os séculos e chega até os leitores da atualidade por meio de uma dinâmica muito humana de transmissão: a tradição, que se vale do espaço cultural e da memória humanos.

A dinâmica da tradição é que insere os seres humanos na história, onde cada um pode dar também sua contribuição pessoal. Sobre essa possiblidade de participar do processo da tradição e contribuir com ela é que discorreremos a seguir.

4.1 A dinâmica da transmissão da Palavra de Deus

Deus se revelou *na* história e *a partir da* história. Assim, a manifestação do sagrado na vida do povo da Bíblia e na dos povos da atualidade acontece mediante a humanidade dos seres humanos. Desse modo: "Cheio de Bondade, Deus estabeleceu que a Revelação destinada a todos os povos se mantivesse na sua integridade através dos tempos e fosse transmitida a todas as gerações" (DV, n. 7).

De fato, Deus mesmo garante, por intermédio de seu Espírito, que a Palavra Revelada chegue aos homens e mulheres de todos os tempos e grupos étnicos. E, como já comentamos neste livro, Deus escolheu revelar-se por meio da palavra humana, que é pessoal, amigável e amorosa. Além disso, é uma palavra que tem seu lugar no tempo e no espaço humano; por isso, é histórica. A Revelação de Deus evidencia, sobretudo, o modo como ele mesmo é, porque conhecer Deus é conhecer sua ação, ele "se revela e salva agindo" (Mannucci, 2008, p. 49).

Portanto, na origem da Palavra escrita está Deus, que comunica a si mesmo. E, do outro lado da comunicação, está alguém que vive a experiência de receber a Palavra do Senhor.

A fim de clarificar como ocorre essa comunicação, consideremos que ela não acontece necessariamente da mesma forma como o receptor a escuta. Mais do que aos ouvidos, a Palavra de Deus fala ao intelecto humano, de maneira que aquele que faz tal experiência se torna testemunha dessa Palavra e a manifesta em linguagem humana (Lima, 2014).

Esse **agir divino**, que marca o tempo, o pensamento, a vida humana e sua relação com o sagrado, percorre os séculos e perpetua a libertação e a salvação oferecida por Deus a todas as gerações. E isso é muito importante para nós! Afinal, somos os receptores dessa mensagem e a entregamos às gerações futuras. Desse modo, sob nossa perspectiva de fé, entregamos aquilo que recebemos de mais essencial.

A comunicação e a preservação da Palavra transmitida são asseguradas pela forma da tradição humana, que exerce papel fundamental na vida de um povo. Mas o que seria a tradição? Vale nos dedicarmos um pouco a esse assunto.

Nós, humanos, não somos seres isolados, tampouco foi um de nós quem inaugurou a história. Antes, fazemos parte de uma estrutura maior, o mundo. Afinal, somos comunidade! Nesse sentido, somos solidários com nossos semelhantes, pois, quando nascemos, cada um de nós já tem um passado; portanto, é nossa tarefa construir um futuro. Precisamos uns dos outros. Aprendemos com outras pessoas e ensinamos algo a elas. Podemos afirmar, até mesmo, que somente nos tornamos ser na convivência com o outro. E, como cristãos, esse sentido de construção assume um sentimento ainda mais profundo, o da **fraternidade**. Ser cristão é compreender a Deus como Pai e a todos os homens e mulheres como irmãos.

De fato, como sociedade, precisamos de outras pessoas para nascer, para aprender, para crescer. Assim, somos seres sociais, e o ser humano é também, na condição de ser social, um ser cultural.

E o que seria a cultura? Cultura é tudo aquilo criado em determinada sociedade: os hábitos, as ideias, as crenças, as estruturas que facilitam convívio, os valores ali eleitos. Assim, o meio natural é invadido pelo meio artificial construído pelo próprio homem. E, de acordo com Mannucci (2008, p. 65), "se a cultura é uma herança social que o indivíduo recebe e transmite, então, a tradição é necessariamente inerente a toda cultura".

A cultura e a tradição caminham juntas. A experiência de uma geração é refletida, interpretada e desenvolvida pela geração seguinte. Por isso, a tradição está na base dos relacionamentos humanos e é ela que proporciona a unidade entre as pessoas. Conforme Idígoras (1983, p. 518): "Do passado, recebemos a linguagem, que é uma forma intrínseca do nosso pensamento, isto é, tradição concentrada e viva em nós".

E se a tradição está na base dos relacionamentos, nela se encontra igualmente a tradição religiosa. Afinal, a religião é um acontecimento social.

Na tradição religiosa, a verdade e o mistério de Deus são transmitidos de pais para filhos. A tradição vai se mantendo viva na história por meio dos lugares sagrados, dos ritos que se repetem ao longo do tempo, inserindo cada homem e cada mulher naquele evento primeiro da Revelação do mistério de Deus à humanidade.

Aliás, a constância na repetição de um rito já é, de fato, a transmissão do evento religioso no tempo e a constatação da continuidade desse evento por meio da sucessão das gerações. Em outras palavras, o rito prolonga no tempo aquele evento originário, possibilitando às sucessivas gerações fazer parte daquela mesma experiência do sagrado que aconteceu uma única vez e, assim, atualizá-la na história humana.

A tradição religiosa, que veicula o acontecimento religioso, se efetiva de duas maneiras que se complementam: (1) na forma oral; (2) na forma escrita. Enquanto a tradição oral colabora com a conservação e, desse modo, entrega a verdade da Revelação como dinâmica de movimento e garante a função sempre integral e atual do seu objeto, a tradição escrita mantém uma linha apologética e ortodoxa (Mannucci, 2008).

Portanto, por meio dessas vias tão humanas é que as pessoas recebem a herança do sagrado nas próprias vidas. A bonita e eficaz dinâmica da transmissão religiosa coloca a humanidade diante da grandiosidade de Deus e possibilita que tal grandiosidade seja entregue à posteridade.

Para os cristãos, o ponto essencial da fé, muito importante na dimensão humana da transmissão religiosa, se deu na Igreja a partir do testemunho autorizado daqueles que estiveram junto de Jesus Cristo, o grupo apostólico. Os doze apóstolos são as verdadeiras colunas da Igreja, designadas pelo próprio Cristo que comunicou a eles "os dons divinos e os encarregou de pregar a todos o Evangelho prometido aos profetas, por ele cumprido e promulgado por sua própria boca, como fonte de verdade salutar e a expressão da correta maneira de viver" (DV, n. 7).

Apresentaremos a seguir como acontece essa dinâmica da tradição, primeiro, em meio ao povo de Israel e, na sequência, na Igreja Cristã.

4.2 A tradição religiosa do povo de Israel

A Revelação de Deus, como já expusemos, aconteceu no seio de um povo determinado. Assim, podemos falar de um encontro entre Deus e seu povo, o qual, por sua vez, transmitiu das mais diversas maneiras a beleza dessa manifestação.

Ao transmitir aquela experiência originária, ainda que séculos tenham se passado desde que tudo se desenrolou, a comunicação sempre fez arder o coração do israelita e permitiu uma dinâmica de interpretação e busca de sentido nos mais diferentes tempos históricos.

Desse modo, é correto afirmar que a religião do povo da Bíblia "se desenvolveu dentro de uma tradição" (Idígoras, 1983, p. 518). Essa tradição foi a grande responsável pela continuidade e pela força presentes na religião israelita, mesmo que estivesse em estado permanente de compreensão e superação.

O povo que fez a bonita experiência do Deus da vida teve a consciência, no transcorrer dos séculos, de que a Revelação que eles receberam não deveria ficar estática, mas deveria chegar até as gerações seguintes, acompanhada de um **significado de universalidade**. Esse sentimento contribuiu para que o caráter de tradição religiosa ganhasse ainda mais força em seu meio. Aquela experiência da Revelação de Deus transbordou no coração de quem a viu e a ouviu, comunicando-a a outros, e o movimento continuou e continua naqueles que receberam o testemunho experiencial e o acolheram como Palavra verdadeira e, por sua vez, garantiram a continuidade da transmissão.

O povo da Bíblia mantém sua tradição religiosa sob as mesmas características já mencionadas neste capítulo: na forma oral e na forma escrita.

Para a religião israelita, a tradição é uma dimensão decisiva. A transmissão da Revelação divina é um dever intrínseco à fé do povo, como dá testemunho o salmista:

> O que nós ouvimos e conhecemos, o que nos contaram nossos pais, não o esconderemos à geração seguinte: os louvores de Iahweh e seu poder, e as maravilhas que realizou; ele firmou um testemunho em Jacó e colocou uma lei em Israel, ordenando a nossos pais que os transmitissem aos seus filhos, para que a geração seguinte os conhecesse, os filhos que nasceriam: Que se levantem e os contem a seus filhos, para que ponham em Deus sua confiança, não se esqueçam dos feitos de Deus e observem os seus mandamentos. (Sl 78,3-7)

Os israelitas são os responsáveis pela transmissão e pela preservação dos eventos sagrados relatados na Bíblia. Segundo Mannucci (2008, p. 68): "A história das intervenções de Deus e das respostas de Israel é confiada a uma memória viva, para que todos os filhos de Israel se entreguem confiantes a Deus e à observância dos seus mandamentos".

Essa memória viva, que acontece na dupla forma assumida pela tradição, é então a responsável pela conexão entre as sucessivas gerações de Israel e a história da salvação. Desse modo, tradição oral e escrita são as mantenedoras da memória da salvação oferecida por Deus, primeiro ao povo eleito, e por meio deles à toda humanidade, atravessando os vários séculos e seus diferentes contextos históricos (Mannucci, 2008).

Também podemos falar de uma tradição interpretativa, que se mantém viva e dinâmica e que atualiza a Revelação, ainda que não carregue a mesma autoridade de norma da Escritura Sagrada. Isso porque tal tradição interpretativa, mesmo estando a serviço da Revelação escrita, é uma interpretação determinada por seu tempo histórico específico, na condição de Escritura, entendida como inspiração divina, carrega a dinâmica do Espírito, que a conduz e atualiza.

Ainda, sobre a tradição de Israel, conforme indica Mannucci (2008), podemos sublinhar quatro características significativas.

A primeira característica a ser mencionada sobre a tradição israelita é a de que ela é uma tradição viva, que se expressa de formas diversas e mutáveis: através da tradição oral, por meio de pequenas unidades literárias (como hinos, sagas, ditos e confissões); por meio também da tradição escrita, pela redação final de um livro; e pela tradição interpretativa e atualizada, que tem a Sagrada Escritura como sua fonte (Mannucci, 2008).

A segunda particularidade da tradição de Israel é que ela tem seu espaço próprio. Ela acontece na vida de um povo e em múltiplos ambientes, nas estruturas familiares, nos santuários e no Templo (Mannucci, 2008).

A terceira característica significativa dessa tradição está relacionada à especificidade de seu conteúdo. A princípio, a base do conteúdo da memória do povo é a Aliança, ato que define a eleição de Israel. À consciência de povo eleito somou-se a compreensão da contínua intervenção divina na história de Israel, em diferentes períodos históricos. Além disso, a Aliança entre Deus e o povo recebeu reinterpretações de cunho histórico, profético ou sapiencial ao tomar sua forma escrita, por meio da qual comunica, sobretudo, a autenticidade dos escribas judeus (Mannucci, 2008).

A quarta e última característica da tradição israelita é a de que ela conservou dois elementos importantes e complementares: (1) um caráter de estabilidade, ou seja, a tradição compreende elementos fixos, por exemplo, a doutrina, a Aliança, a Lei de Moises etc.; (2) um caráter de progressão, de maneira que a Revelação teve continuidade e desenvolvimento por meio de outros enviados de Deus que, completando a obra de seus predecessores, corresponderam às necessidades reais de seu tempo histórico. Nesse último ponto, chamamos a atenção para o ambiente de conservação de grande parte do Antigo Testamento, no qual encontramos a Lei e os profetas, bem como o ambiente do culto, que era realizado na sinagoga no período pós-exílico (Parmentier, 2009, p. 33).

Sicre (1994, p. 67) conta a respeito dos narradores da história do povo de Israel:

> Talvez tenha sido uma noite de frio, junto do fogo, quando se começou a contar a história de Israel. Primeiro os anciãos, recordando as andanças dos famosos. Chegaram mais tarde os grupos do deserto, relatando e exagerando as agruras sofridas no Egito, a terrível marcha rumo à terra prometida, a revelação concedida pelo Senhor a Moisés. Em seguida vieram os poetas populares, cantores de façanhas realizadas contra os filisteus, que trocavam batalhas e exércitos por um prato de comida, antes de seguir viagem. Não faltaram sacerdotes que, em suas peregrinações anuais aos santuários, guardavam as memórias das aparições de Deus em determinados lugares.

Segundo Sicre (1994), dessa maneira foram transmitidas as informações de geração à geração, de boca em boca, dando início à manutenção e ao progresso das tradições históricas do povo da Bíblia. Então, por volta do século X a.C., aparece em Jerusalém um grupo mais culto que, provavelmente, estava ligado à corte real. Esse grupo é o grande interessado no recolhimento de dados relacionados ao reino, como suas estruturas, a construção do palácio e do Templo, a relação dos governadores do Rei Salomão. Desse modo, para que não fossem perdidas informações importantes, a escrita era necessária.

Assim, vão surgindo aos poucos os compiladores dessa bela história. Tais pessoas não apenas têm interesse em assegurar informações reais, mas garantem a fixação da história da constituição do povo, da experiência com Deus e da constante caminhada desse povo por caminhos difíceis, contudo cheios de esperança, pois o povo carregava a promessa da vinda de um messias.

Com base no exposto, ao falarmos da tradição do povo da Bíblia, não nos referimos a uma memória fechada e obsoleta de crer, viver e interpretar os fatos. Conforme foi possível verificar, há, em Israel, uma consciência responsável em conservar a verdade de Deus revelada ao povo e as repetidas intervenções salvíficas do Senhor nessa mesma história. Desse modo, é possível e necessário mantermo-nos abertos na acolhida dessa dinâmica progressiva na qual ocorre a Revelação divina, que se atualiza nos diversos períodos históricos que, mesmo concretizando-se em plenitude na pessoa e no evento Jesus, continua a falar-nos.

4.3 A tradição religiosa no cristianismo

A história da salvação, cheia de esperança no Antigo Testamento, teve sua realização completa em Jesus de Nazaré. Assim, o Deus que se revelou ao povo de Israel se revelou plenamente em seu Filho, e a nova Aliança estabelecida pelo Cristo deu continuidade à antiga.

Para refletir!

A experiência vivenciada pelo Povo da Promessa por meio daquele homem galileu que transformou e ensinou o verdadeiro sentido da Palavra de Deus, denunciando as distorções feitas por aqueles que deveriam guiar o povo, também se deu por um processo de memória! A Boa Notícia que é Jesus Cristo é experimentada, comunicada, transmitida e fixada por escrito em momentos cruciais do início do movimento cristão.

A novidade oferecida por Jesus rompeu com os absurdos daquela tradição exclusivamente humana, chamada nas narrativas evangélicas de "tradição dos antigos" (Mc 7,3; Mt 15,1). Nas palavras de Jesus, a exortação aos fariseus e doutores da Lei é um bom exemplo dessa dimensão: "'Abandonais o mandamento de Deus apegando-vos à tradição dos homens'. E dizia-lhes: sabeis muito bem desprezar o mandamento de Deus para observar a vossa tradição" (Mc 7,8-9).

Jesus mostra, ainda, para aqueles que se julgavam conhecedores da Lei, um exemplo da realidade que viviam, mencionando um voto comum entre eles. Dessa maneira, doutores e fariseus usavam a Lei divina a favor daquilo que lhes era conveniente, e não de acordo com o verdadeiro mandamento de Deus:

> Com efeito, Moisés disse: Honra teu pai e tua mãe, e: Aquele que amaldiçoar pai ou mãe certamente deve morrer. Vós, porém, dizeis: Se alguém disser a seu pai ou a sua mãe: os bens com que eu poderia te ajudar são: Corban, isto é, oferta sagrada – vós não o deixareis fazer mais nada por seu pai e sua mãe. Assim, invalidais a Palavra de Deus pela tradição que transmitistes. E fazeis muitas outras coisas do gênero. (Mc 7,10-13)

Jesus não é, de modo algum, inimigo da verdadeira tradição do povo de Israel, escrita na "lei e nos profetas" (Mc 5,17-19). Ele tampouco condena a tradição interpretativa da Sagrada Escritura. E isso podemos constatar na narrativa de Marcos, na indicação para que se cumprisse o que estava prescrito: "Não digas nada a ninguém; mas vai mostrar-te ao sacerdote e oferece por tua purificação o que Moisés prescreveu, para que lhes sirva de prova" (Mc 1,44). O problema apontado por Jesus, sem sombra de dúvida, referia-se à postura hipócrita daqueles que ensinavam, mas não viviam de acordo com as tradições: "Fazei e observai tudo quanto vos disseste. Mas não imiteis suas ações, pois dizem, mas não fazem. Amarram fardos pesados e os põem sobre os ombros dos homens, mas eles mesmos nem com um dedo se dispõem a movê-los" (Mt 23,3-4). Por isso, "Ai de vós, escribas e fariseus, hipócritas" (Mt 23,13).

Logo, Jesus inaugurou uma nova tradição. Ele realmente introduziu uma visão radicalmente inovadora sobre a Escritura Sagrada, dando a ela uma intepretação coerente e correta, voltada para aquilo que era seu sentido real: a vontade de Deus para todos os seres humanos. Desse modo, Jesus anulou uma interpretação fechada e exclusivista dos textos bíblicos, marcada por uma opinião religiosa carregada de um pensamento autossuficiente. Mas de onde teria emanado essa interpretação autossuficiente equivocada? Ela advinha justamente da compreensão relacionada à eleição de Israel como povo escolhido por Deus.

A ressignificação da compreensão religiosa judaica oferecida por Jesus fundamenta-se na consciência de o Cristo ser o mensageiro definitivo da Revelação de Deus e da salvação. Podemos verificar essa verdade nas narrativas que citam as ações e os ensinamentos de Jesus: os Evangelhos.

No texto de Mateus, por exemplo, Jesus propõe uma antítese: "Ouviste o que foi dito aos antigos: Não matarás [...]. Eu, porém, vos digo..." (Mt 5, 21ss); ou mesmo nas palavras que Jesus usa quando envia seus discípulos à missão: "Eu vos envio como ovelhas entre lobos. Por isso, sede prudentes como as serpentes e sem malícia como as pombas" (Mt 10,16); ou no texto de Marcos, quando Jesus se coloca com autoridade no momento das curas: "Eu te ordeno – disse ele ao paralítico" (Mc 2,11); "Vendo Jesus que a multidão afluía, conjurou severamente o espírito impuro dizendo-lhe: 'Espírito mudo e surdo, eu te ordeno'" (Mc 9,25).

De fato, Jesus estava inserido na tradição do povo judeu, participando do seu mundo de símbolos, imagens e expectativas. Entretanto, sua postura diante da tradição judaica foi completamente inovadora. Alguns exemplos das atitudes de Jesus são: atribuiu novo sentido à Lei, sublinhando a dimensão interior dela (Mt 5,17-20); denunciou a utilização mercantilista do Templo e protestou contra ela (Jo 2,13-17); definiu a Lei primeiro como amor, que devia ser assim praticada antes de qualquer costume ritual e ou tradição (Mt 5,1-12; Mc, 2,55ss); propôs um novo projeto religioso (Mt 5,1-12); e identificou-se como verdade e luz de Deus (Jo 14,6,8,12). Dessa maneira, Jesus iniciou "uma nova tradição, que iria adquirir pleno sentido com sua morte e ressurreição" (Idígoras, 1983, p. 519).

Jesus demonstrou, em vários momentos na narrativa evangélica, ser portador de uma **nova tradição**, tendo plena consciência disso. Igualmente, o chamado dos apóstolos, a missão que ele confiou a seus discípulos e discípulas, a ordem para evangelizar e outras situações confirmam essa mesma consciência.

Portanto, podemos falar de uma "tradição 'de Jesus'" (Mannucci, 2008, p. 70), no sentido de que ela se origina dele próprio, remetendo-nos ao Jesus histórico. Após a paixão e a morte de Jesus, o grupo de discípulos e discípulas faz a experiência da sua ressurreição e recebe a força prometida do alto, o Espírito Santo. A partir desses eventos tem início a tradição sobre a pessoa Jesus. Com a consequente ruptura entre o judaísmo e o movimento cristão, a Igreja passou a fazer o próprio caminho e deu continuidade à tradição de Jesus, a partir da interpretação inovadora do enviado de Deus. O conteúdo central dessa nova tradição é a salvação oferecida e concretizada em Jesus Cristo (At 2,22-25; 4,10ss, 10,28ss; Gl 4,4) (Idígoras, 1983).

A tradição sobre Jesus e a tradição da Igreja são os temas tratados a seguir.

4.4 A tradição no grupo apostólico

O grupo apostólico era formado exclusivamente por judeus, e algo de extraordinário aconteceu com esse grupo e com tantos outros homens e mulheres que aderiram à fé em Cristo. Certamente, inseridos na tradição do seu povo, essas pessoas acolheram toda a novidade da interpretação conferida a elas por Jesus e se transformaram nas grandes testemunhas dessa nova tradição.

Importante!

O tema central da pregação apostólica era a ação salvadora de Jesus, que se estabeleceu como novidade significativa da história. Aqui, podemos refletir sobre a ousadia que tiveram esses homens, e a abertura de coração ou, ainda, a coragem que adquiriram para se lançar, de certa maneira, à margem da religião judaica, a qual constituía-se, até então, na sua identidade pessoal.

Inicialmente, o grupo de seguidores e seguidoras de Jesus de Nazaré era visto como uma seita no interior do judaísmo. Portanto, há uma tomada de posicionamento em que esse grupo reconhece Jesus como o messias esperado de Israel. Sem dúvida, a força que encorajava tal postura era o Espírito Santo, impulsionador da Igreja, além das experiências que o grupo fez da ressurreição do Senhor, conferindo a tudo que eles tinham ouvido e vivido com Jesus de Nazaré um novo significado (DV, n. 19).

A tradição mantida e transmitida pelos apóstolos foi primeiramente vivida, assim como a tradição do povo de Israel e, só depois, foi relatada de forma escrita. Então, a pregação apostólica foi comunicada de maneira especial "nos livros inspirados, se conservará sem quebra de continuidade até o fim dos tempos" (DV, n. 8).

A função das narrativas evangélicas foi fixar na forma escrita a tradição de Jesus. Primeiro, os evangelistas realizaram um trabalho de seleção de material daquelas "tradições orais e escritas já existente" (DV, n. 19); na sequência, construíram uma narrativa histórico-teológica sintética da vida de Jesus de Nazaré. Contudo, na elaboração de tal narrativa, os evangelistas consideravam a comunidade na qual estavam inseridos, os conflitos e as expectativas dessas comunidades. Além disso, os narradores evangélicos preservaram seus textos com caráter de pregação no intuito de comunicar a verdade de Cristo Jesus que traziam em sua própria memória (Simões, 2017).

Afinal, os Evangelhos não são uma tentativa de reconstituir a vida e todas as palavras pronunciadas por Jesus, mas, antes, são uma composição das primeiras comunidades cristãs a respeito do significado tanto da vida como da morte do messias. Se o único propósito da Bíblia fosse o de fazer memória do passado de um povo, os israelitas, e da vida do Cristo, não existiria possibilidade alguma de interpretação e atualização. O Antigo e o Novo Testamento apenas se constituiriam num relato fiel de tais eventos. "Ora, não são palavras de outrora que se trata perpetuar, trata-se sim de permitir re-suscitar o encontro com Deus" (Parmentier, 2009, p. 33).

Portanto, o grupo apostólico foi o responsável, sob o efeito da força do Espírito Santo, pela transmissão, pela conservação e pela atualização da tradição cristã. A esse respeito, Mannucci (2008, p. 71) afirma: "Os apóstolos receberam do próprio Jesus a missão autoritativa, sustentada pelo influxo do Espírito de Jesus ressuscitado e vivo, de dar testemunho à paradosis[1] de Jesus Cristo, de conservá-la, explicá-la, aplicá-la às novas situações".

Além disso, a leitura da Escritura, feita corretamente, coloca a humanidade em contato com Deus aqui e agora, no presente, promovendo e edificando as vidas das pessoas, porque é Palavra viva e eficaz.

4.4.1 A tradição na Igreja

O Novo Testamento apresenta o núcleo apostólico como aquele que garante a fidelidade entre a tradição de Jesus e a tradição da Igreja: "Mas a vós, procurai que permaneça em vós o que ouviste desde o início" (1Jo 2,24a). Ou seja, a Igreja conserva a catequese dos apóstolos sobre o ministério de Cristo. Esse trecho da primeira carta de João afirma que aquela mesma unção que aconteceu no início, quando Jesus enviou seu Santo Espírito, permaneceu naqueles que tinham fé, "pois os verdadeiros crentes possuem tanto a vida eterna quanto a verdade na qual permanecem" (Brown, 2012, p. 522).

De fato, a comunidade cristã católica permanece na sua fé e na tradição dos apóstolos:

> Transmitindo o que receberam, os apóstolos exortam os fiéis a guardarem as tradições em que foram iniciados oralmente ou por escrito (cf. 2Ts 2,15) e a lutarem pela fé que abraçaram para sempre (cf. Jd 3). Aos apóstolos foi, na realidade, transmitido tudo que contribui para que o povo de Deus leve uma vida santa e cresça na fé. (DV, n 8)

E, para assegurar a Boa Nova de Cristo Jesus com integridade e viva na Igreja, o grupo apostólico transmitiu aos bispos autoridade

1 Referente ao legado deixado por Jesus Cristo: seus ensinamentos e ações.

e responsabilidade de serem sucessores dos apóstolos, "transmitindo-lhes o lugar que ocupavam no magistério" (DV, n. 7).

A Igreja Católica, por meio da sagrada tradição e da Sagrada Escritura, o Antigo e o Novo Testamento, que são a fonte na qual a Igreja conhece e contempla Deus, transmite a todas as gerações, por meio de sua doutrina, de sua vida e de seu culto, tudo o que a Igreja é e tudo aquilo em que ela crê, até o dia no qual contemplará Deus face a face (DV, n. 7). "Amados, desde já somos filhos de Deus, mas o que nós seremos ainda não se manifestou. Sabemos que por ocasião desta manifestação seremos semelhantes a ele, porque o veremos tal como ele é" (1Jo 3,2)

Para compreender melhor essa relação entre tradição da Igreja e Escritura, é interessante recorrer ao Concílio Vaticano II, especialmente à constituição dogmática *Dei Verbum*, n. 8.

Importante!

A Igreja é continuadora e atualizadora da tradição apostólica pela graça do Espírito Santo. A contemplação e o aprofundamento da Palavra de Deus conduzem e tornam possível, no decorrer dos séculos, que a verdade da Revelação divina, completada em Jesus Cristo, seja luz em todos os tempos e para toda a comunidade de fé. E, na sucessão dos guardiões dessa verdade, assim como dão testemunho os santos padres da Igreja, a tradição viva é presença perene na comunidade católica, nutrindo-a. Também o conhecimento e a interpretação da Sagrada Escritura são responsabilidade dessa tradição e do magistério, seu representante, levando a comunidade a compreender a Palavra de Deus e vivê-la concretamente, promovendo uma relação dialogal entre Deus e seu povo, a Igreja.

Do mesmo modo, é essa tradição viva que deu à Igreja o conhecimento da Escritura como regra de vida para todo fiel. A Palavra de Deus fixada por escrito e a tradição estão intimamente conectadas, formando tal unidade, mesmo porque são originárias da mesma fonte, o próprio Deus.

A Bíblia é Palavra de Deus, conforme já informamos e segundo salienta o concílio, e foi escrita por inspiração do Espírito Santo, é Revelação divina transmitida e fixada em linguagem humana; a tradição, igualmente, é Palavra de Deus, confiada ao grupo apostólico e transmitida por esse grupo em totalidade aos sucessores bispos da Igreja, assegurada na fidelidade da pregação, da explicação e da propagação dessa Palavra.

Portanto, para a Igreja, Escritura e tradição são veículos da Revelação: "constituem um único depósito sagrado da Palavra de Deus" (DV, n. 10).

A responsabilidade da autêntica interpretação da Palavra de Deus na Sagrada Escritura e na tradição apostólica, na Igreja Católica, é exercida pelo magistério. É tarefa exclusiva do magistério, participante na sucessão apostólica, a interpretação da Sagrada Escritura, pois os bispos comungam da mesma autoridade de Cristo, assistidos pelo Espírito Santo, ao escutar, guardar com zelo e explicar com lealdade a Palavra de Deus.

Conforme a constituição dogmática *Dei Verbum*: "tradição, Escritura e Magistério da Igreja, de acordo com a sabedoria divina, estão articulados e de tal forma associados que um não tem consistência sem outro. Cada um deles contribui eficazmente para a salvação das almas, sob a ação do único Espírito Santo" (DV, n. 10).

4.5 Semelhanças e diferenças entre as tradições do Antigo e do Novo Testamentos

A tradição do Antigo e a do Novo Testamento são as responsáveis pela transmissão da Revelação de Deus ao ser humano, e são portadoras do projeto salvador do Criador.

No decorrer deste capítulo, comentamos que, tanto no povo de Israel quanto no cristianismo, a tradição se desenvolve por um processo que é guiado por Deus e por seu Espírito. Não obstante, o veículo que transporta a tradição é aquele da condição humana.

A tradição do povo judeu teve o êxito de transmitir e conservar a história da salvação ao longo dos séculos; por sua vez, a tradição do cristianismo também foi e ainda é responsável pelo depósito da fé da Igreja. Aliás, são comuns a essas duas tradições as seguintes características: consistem em uma tradição viva; compreendem duas formas de transmissão, a oral e a escrita; têm caráter de estabilidade e de crescimento.

O antagonismo entre o Antigo e o Novo Testamentos, no que diz respeito ao tema da tradição, tem origem, sobretudo, na "pretensão religiosa que caracteriza as duas correntes de tradições" (Mannucci, 2008, p. 72).

O fundamento da tradição do Antigo Testamento é a promessa feita ao povo de Israel e das várias intervenções divinas vivenciadas por esse grupo humano na história. Todavia, a esperança de Israel está no que seria o ponto culminante dessa intervenção no futuro. Contrariamente à esperança judaica, a tradição do Novo Testamento compreende que o ápice dessa manifestação divina já foi concretizada. Afinal, para a tradição da Igreja, o ungido de Deus já veio para a instauração do reinado do

Pai, embora se aguarde a vinda futura do Cristo (a vinda escatológica), na plenitude desse reino.

E, porque na tradição neotestamentária Jesus Cristo é a plenitude da Revelação de Deus, é possível compreender o caráter definitivo da tradição do Novo testamento, a qual está associada à plenitude da Revelação de Deus em seu Filho. Tal compreensão implica, ainda, o desejo de anunciar a Revelação de Deus de forma absoluta e irrevogável. Assim, toda pregação ulterior deve nascer e estar em sintonia com aquele testemunho que tem origem divina e apostólica. Além disso, destacamos a característica de eficácia da tradição neotestamentária, a qual "tem a força de realizar o que as suas palavras dizem e anunciam" (Mannucci, 2008, p. 73), assim comunicando àquele que crê, por obra do Espírito Santo, a realidade da mensagem da salvação.

Ainda sobre a tradição dos mestres judeus, ressaltamos que ela é caracterizada pela interrupção da ação do Espírito de Deus e pela troca dos profetas pelos peritos da Lei; a tradição cristã, por sua vez, continua tendo como sustento não o ser humano, mas o próprio Espírito Santo. O Espírito de Deus permanece agindo *na* Igreja e *pela* Igreja de Cristo, conforme afirma o Concílio Vaticano II:

> A tradição dos apóstolos, graças à assistência do Espírito Santo, desenvolve-se na Igreja. Amplia-se a percepção das realidades e das palavras, quer pela contemplação e pelo estudo dos fiéis, que as guardam em seu coração (cf. Lc 2,19.51), quer pela compreensão que provém da experiência das coisas espirituais, quer ainda pela pregação daqueles que, sucedendo aos apóstolos, receberam o carisma de certificar a fé. De fato, a Igreja, através dos séculos, tende constantemente à plenitude da verdade divina, até que se realizem totalmente nela as palavras de Deus. (DV, n. 8)

Portanto, embora a tradição veterotestamentária e a tradição neotestamentária tenham pontos em comum, sobressaem muito mais as diferenças da pretensão religiosa de cada uma delas.

Síntese

Neste capítulo, salientamos que a Palavra de Deus se manifestou na história da humanidade e nela perpetua-se por meio de uma dinâmica muito humana de transmissão: a tradição, que se viabiliza pelo espaço cultural e pela memória humanos, sendo auxiliada pelo Espírito de Deus.

Explicitamos que a tradição está na base dos relacionamentos, e nela se encontra a tradição religiosa. Destacamos a importante tradição religiosa de Israel, que transmitiu sua experiência originária por meio de uma memória viva que contemplou uma dupla forma: a tradição oral e a tradição escrita. Explicamos que, quando se trata da tradição do povo da Bíblia, não se está fazendo referência a uma memória fechada e obsoleta de crer, viver e interpretar os fatos, mas a uma consciência responsável por conservar a verdade de Deus revelada ao povo e as repetidas intervenções salvíficas do Senhor nessa mesma história.

Comentamos que, em Jesus de Nazaré, foi inaugurada uma nova e radical tradição, que rompeu com os absurdos daquela tradição exclusivamente humana, entendida e compreendida de forma equivocada por líderes religiosos do judaísmo daquele tempo. Informamos que a tradição cristã teve continuidade na autoridade conferida por Jesus aos apóstolos, que a mantiveram e transmitiram, relatando-a, num período posterior, também na forma escrita.

Além disso, explicamos que, na Igreja, quem garante a tradição apostólica são os bispos, responsáveis por suceder os apóstolos, ocupando, então, o lugar deles no magistério. Portanto, a Igreja é continuadora e atualizadora da tradição apostólica pela graça do Espírito Santo.

Por fim, citamos as diferenças essenciais entre as tradições do Antigo e do Novo Testamento. Para esta última, o ápice da Revelação divina já foi concretizado na vinda de Jesus Cristo e, enquanto essa tradição aguarda a vinda gloriosa do Cristo, ela continua sendo guiada pelo Espírito Santo.

Atividades de autoavaliação

1. A respeito da transmissão da Palavra de Deus na história, marque V para as afirmativas verdadeiras e F para as falsas:
   ( ) Deus se revelou na história humana.
   ( ) Na origem da Palavra escrita está Deus.
   ( ) A Palavra de Deus se concretizou completamente fora do tempo e do espaço humano; por isso, ela não é histórica.
   ( ) Deus escolheu revelar-se por meio da palavra humana que é pessoal, amigável e amorosa.

   Agora, assinale a alternativa que representa a sequência correta:
   a) V, F, V, F.
   b) V, V, V, F.
   c) F, V, F, V.
   d) V, V, F, V.
   e) F, F, V, V.

2. É tudo aquilo que é criado em determinada sociedade: os hábitos, as ideias, as crenças, as estruturas que facilitam o convívio entre seus membros, os valores ali eleitos. Assim, o meio natural é invadido pelo meio artificial construído pelo próprio homem.

   A que conceito essa descrição se refere?
   a) Religião.
   b) Cultura.
   c) Tradição.
   d) Linguagem.
   e) Criatividade.

3. A tradição religiosa, que veicula o acontecimento religioso, se efetiva de duas maneiras que se complementam. Quais são elas?

a) A forma escrita e a forma final.
b) A forma oral e a forma escrita.
c) A forma oral e a forma da linguagem.
d) A forma oral e a forma final.
e) A forma escrita e a forma redigida.

4. Na novidade oferecida por Jesus, encontra-se uma nova e radical tradição, que rompeu com os absurdos daquela tradição exclusivamente humana, chamada nas narrativas evangélicas de *tradição dos antigos*. Nas palavras de Jesus, a exortação aos fariseus e doutores da Lei é um bom exemplo dessa dimensão.

Esse trecho faz referência à relação de Jesus com aquelas tradições judaicas defendidas pelo grupo dos fariseus e doutores da Lei que não expressavam a vontade de Deus, pois se tratava de tradições humanas voltadas para interesses pessoais. Leia com atenção os versículos bíblicos apresentados a seguir, identificando quais deles se referem a essa postura de Jesus:

I. "'Abandonais o mandamento de Deus apegando-vos à tradição dos homens'. E dizia-lhes: sabeis muito bem desprezar o mandamento de Deus para observar a vossa tradição" (Mc 7,8-9).
II. "Vós sois o sal da terra. Ora, se o sal se tornar insosso, com que o salgaremos? Para nada mais serve, senão para ser lançado fora e pisado pelos homens. Vós sois a luz do mundo. Não se pode esconder uma cidade situada sobre um monte". (Mt 5,13-14).
III. "Vós, porém, dizeis: Se alguém disser a seu pai ou a sua mãe: os bens com que eu poderia te ajudar são: Corban, isto é, oferta sagrada – vós não o deixareis fazer mais nada por seu pai e sua mãe. Assim, invalidais a Palavra de Deus pela tradição que transmitistes" (Mc 7,11-13a).

IV. "Fazei e observai tudo quanto vos dissestes. Mas não imiteis suas ações, pois dizem, mas não fazem. Amarram fardos pesados e os põem sobre os ombros dos homens, mas eles mesmos nem com um dedo se dispõem a movê-los" (Mt 23,3-4).

Correspondem corretamente ao proposto apenas as alternativas:

a) I, II e IV.
b) I, II e III.
c) I, III e IV.
d) II, III e IV.
e) III e IV.

5. Qual é o tema central da pregação apostólica?
   a) A ação da libertação no Êxodo.
   b) A instituição da Igreja.
   c) A religião judaica.
   d) A ação salvadora de Jesus.
   e) A religião romana.

Atividades de aprendizagem

Questões para reflexão

1. A constância na repetição de um rito já é, de fato, a transmissão do evento religioso no tempo e a constatação da continuidade desse evento por meio da sucessão das gerações. Dito de outro modo, o rito prolonga no tempo aquele evento originário, possibilitando às sucessivas gerações fazer parte daquela mesma experiência do sagrado que aconteceu uma única vez e, assim, atualizá-la na história humana.

   Tendo lido com atenção esse texto, pense e responda: À qual circunstância ou evento dos cristãos é possível associá-lo?

2. Paulo, em sua primeira carta à comunidade de Corinto, escreve: "Com efeito, eu mesmo recebi do Senhor o que vos transmiti" (1Cor 11,23). Um pouco adiante em seu texto, ele continua testemunhando que a comunidade recebeu o evangelho que ele mesmo anunciou:

> Lembro-vos, irmãos, o evangelho que vos anunciei, que recebeste, no qual permaneceis firmes, e pelo qual sois salvos, se o guardais como vo-lo anunciei; doutro modo, teríeis acreditado em vão. Transmiti-vos, em primeiro lugar, aquilo que eu mesmo recebi: Cristo morreu por nossos pecados, segundo as Escrituras. (1Cor 15,1-3)

Nesses versículos é possível perceber a importância da tradição cristã e do testemunho dado por Paulo quanto à responsabilidade e fidelidade dele na transmissão de tudo o que ele recebeu. Releia esses textos, agora em sua Bíblia, e escreva com suas próprias palavras a mensagem de Paulo nesses versículos.

Atividade aplicada: prática

1. Mencionamos diversas vezes a constituição dogmática *Dei Verbum*. De fato, o Concílio Vaticano II é um marco muito importante na história da Igreja contemporânea. Contudo, muitos cristãos ainda não o compreendem, outros nem sequer conhecem esse texto e sua importância. Desenvolva uma pesquisa sobre o conhecimento que sua comunidade tem da referida constituição dogmática. Aproveite, depois, o resultado com o propósito de contribuir para o crescimento da comunidade com uma síntese a respeito do que trata esse documento. Proponha a divulgação em algum meio de comunicação utilizado por sua paróquia.

5

O cânon da Sagrada Escritura

Neste capítulo, trataremos sobre o cânon da Sagrada Escritura, as terminologias bíblicas, a definição do cânon do Antigo e do Novo Testamentos, a composição deste último e o conceito de inspiração bíblica.

A Sagrada Escritura cristã é um conjunto de livros divididos em dois blocos chamados de *Antigo Testamento* e *Novo Testamento*.

Você pode estar se perguntando: Quais são os motivos para que exatamente esses livros, e não outros, tenham sido selecionados para fazer parte de uma lista tão distinta? Por que esses materiais são considerados sagrados? Por que a Igreja os indica como normativos para a fé humana?

Todos esses questionamentos são importantes, visto que tais documentos são considerados a Palavra de Deus (Caro, 2011b).

Para nos aventurarmos sobre esse assunto, temos de considerar, é claro, a Igreja e suas manifestações. A comunidade cristã, em determinado momento, entendeu-se recebedora de uma importante herança: a Sagrada Escritura judaica; e, assim, tomou consciência de ter acesso a um material totalmente novo, a **literatura neotestamentária**.

5.1 As terminologias bíblicas

Ao estudar o **cânon bíblico**, é comum se deparar com termos muito particulares. Por isso, essa tarefa pode parecer mais complicada do que de fato é. Vale esclarecermos alguns desses termos e como eles se relacionam com o cânon bíblico, a fim de ajudá-lo a se familiarizar com as expressões. Para iniciar, partimos do significado de *escritura sagrada*.

Importante!

Muitas são as religiões que atribuem a determinado texto a característica de *sagrado*. Artola (2011) explica que, desde a antiga religião egípcia até hoje, há, ao menos, 18 religiões que conferem a algum de seus livros o atributo de *sagrado*. Além disso, especialmente as religiões que surgiram no Mediterrâneo Oriental e no Oriente Médio dedicaram grande relevância aos escritos que são definidos desse modo (Caro, 2011b).

Grosso modo, *escritura sagrada* é o nome dado a um conjunto de documentos ou escritos que guardam em seu conteúdo a doutrina de determinada religião, como documentos de culto, orações ou rituais.

O que essas religiões têm de essencial e em comum é a concepção de que sua "Escritura Sagrada é considerada proveniente, de algum modo, do próprio Deus" (Caro, 2011b, p. 55). É por esse motivo, portanto, que nessas religiões as Escrituras Sagradas recebem grande veneração e respeito.

Ainda podemos afirmar que são **textos sagrados** aqueles escritos que comunicam as tradições essenciais de um grupo religioso. Logo, o Alcorão, o Talmude e, no caso dos cristãos, a Bíblia são Escrituras Sagradas.

Para a fé judaica e cristã, os textos sagrados compõem um **cânon** e são definidos como *canônicos*, o que confere a eles grande relevância.

O termo *cânon* tem origem na palavra grega *kanōn*, a qual, por sua vez, tem origem na palavra semita *qaneh*, que designa um instrumento utilizado para verificar medidas, como uma régua (Brown; Collins, 2011).

Na tradução da Bíblia grega, a Septuaginta, a palavra *kanōn* aparece poucas vezes, apenas três. E, somente uma dessas vezes enuncia esse sentido mesmo de medida, com um significado de norma ou regra para algo ou alguma coisa (Brown; Collins, 2011).

No Novo Testamento, nas cartas de Paulo, o termo já tem significado de "norma": "E a todos os que pautam sua conduta por esta norma" (Gl 6,16).

Também a carta à comunidade de Corinto testemunha o uso do termo *kânon* para definir uma regra de fé:

> Quanto a nós, não nos gloriemos além da justa medida, mas nos serviremos como medida, da regra mesma que Deus nos assinalou, a de termos chegado até vós. [...] Não nos gloriamos desmedidamente, apoiados em trabalhos alheios, e temos a esperança de que com o progresso da vossa fé, cresceremos mais e mais segundo a nossa regra. (2Cor 10,13.15)

Mais tarde, no segundo século do cristianismo, o termo *kanōn* passou a designar uma regra ou um critério da fé (Brown; Collins, 2011).

A primeira vez que o adjetivo *canônico* foi atribuído aos livros que compõem a Bíblia, foi no ano 360, no Concílio de Laodiceia. Posteriormente, em 367, Santo Atanásio referenciou os textos bíblicos do mesmo modo. De fato, a compreensão dada aos livros que formam a Bíblia são mesmo a de norma para a vida de todo aquele que crê. Na Igreja latina, porém, o termo *cânon* foi usado para se referir a esse conjunto de livros apenas no início do quarto século. Percebemos assim, que a terminologia foi compreendida e atribuída aos textos gradualmente (Caro, 2011b).

Da palavra *cânon* deriva o adjetivo *canônico*, característica aplicada aos livros do Antigo e do Novo Testamento, definidos como *sagrados* e *inspirados* pelo próprio Deus, apresentando valor regulador para a fé e a moral cristã, como testemunha o Concílio Ecumênico Vaticano II:

> Como se considera dito pelo Espírito Santo tudo aquilo que dizem os autores inspirados ou hagiógrafos, deve-se confessar que os livros das Escrituras ensinam firme e fielmente e sem sombra de erro a verdade que Deus quis transmitir nos livros sagrados, por causa da nossa salvação. "Toda Escritura é inspirada por Deus e útil para ensinar, para refutar, para corrigir, para educar na justiça, a fim de que o homem de Deus seja perfeito, reparado para toda boa obra (2Tm 3,16ss)". (DV, n. 11)

E o que teria levado a Igreja a declarar certos livros como canônicos? Sobre essa questão, é importante esclarecer que não foi a Igreja que criou ou escolheu uma lista de livros que pudesse servir a ela como **norma**. Antes, foi a consciência de que esses livros já eram para ela regra de vida, levando a Igreja a declará-los como tal.

Levando em consideração essa especificidade de livros canônicos, há duas categorias: (1) livros **protocanônicos**; e (2) livros **deuterocanônicos**.

O termo *protocanônico* se refere àqueles livros que foram inseridos no cânon da Igreja Católica sem nenhuma discussão e dos quais fazem parte 39 livros. Já os *deuterocanônicos* são livros ou fragmentos que foram objeto de discussão sobre sua canonicidade. *Deutero*, então, indica que esses textos foram aceitos como canônicos num segundo momento na história da Igreja Católica; isso, porém, não significa que a Igreja deixa de interpretá-los como inspirados e de autoria divina. A única justificativa para essa definição foi a inserção tardia desses documentos na lista de textos sagrados da Bíblia.

Sobre os livros deuterocanônicos, portanto, foram realizados sérios debates e questionamentos antes da inclusão deles no cânon. A discussão sobre a canonicidade desses livros não é, a princípio, um problema da comunidade cristã; na verdade, eles não foram recebidos no cânon escriturístico judaico, estabelecido em Jâmnia, por volta do ano 90 d.C. Os sete livros e mais alguns fragmentos pertencem à tradução grega do Antigo Testamento, a Septuaginta, mas não entraram na *Tanak*, a Bíblia hebraica. Os cristãos aceitaram esses livros, podemos dizer, "em segunda instância" (Konings, 2000, p. 168-169).

Importante!

Para a Igreja Católica esse material denominado *deuterocanônico* é considerado inteiramente *canônico*. E quais são esses livros? Os livros que compõem a lista deuterocanônica são: os livros de Tobias, Judite, 1 e 2 Macabeus, Sabedoria, Eclesiástico, Baruc; quanto aos fragmentos de texto, são eles: algumas partes do livro de Ester (Est 10,4-16,24) e do livro de Daniel (Dn 3,24-90). Mas as definições não diminuem em nada a importância canônica desses textos.

Também há livros e fragmentos admitidos tardiamente no cânon do Novo Testamento. Entre eles estão os seguintes textos: a Epístola aos Hebreus, a Epístola de São Tiago, a Epístola de São Judas, a segunda e a terceira Epístola de São João, a segunda Epístola de São Pedro e o livro do Apocalipse. Podemos mencionar, ainda, dois fragmentos que fazem parte de narrativas evangélicas: (1) a passagem de Marcos 16,9-20, que é um acréscimo tardio ao texto, feito por volta do ano 150 d.C., com a finalidade de concluí-lo (Simões, 2017); e (2) a passagem de João 7,53-8,11, que originalmente não fazia parte desse evangelho. A bela narrativa que ensina sobre a misericórdia de Deus e que tem todas as argumentações a favor em relação à autenticidade não aparece em nenhum manuscrito do Evangelho de João, anterior ao quarto século da era cristã. E, algumas vezes, essa narrativa encontrada em manuscritos, é inserida no Evangelho de Lucas, do qual parece mais coerentemente fazer parte, em virtude de seu estilo (Flanagan, 1999).

Para o cristianismo de linha evangélica, os livros deuterocanônicos do Antigo Testamento não fazem parte da lista de livros inspirados, não entrando, desse modo, no cânon evangélico. O motivo para isso está na adoção da Bíblia hebraica para o conjunto de textos veterotestamentários. Por isso, o cristianismo evangélico considera os sete livros que mencionamos, e que foram definidos pelo cânon católico, como *deuterocanônicos*, como textos ***apócrifos***, "como se fossem de categoria anterior" (Konings, 2000, p. 169).

Contudo, alguns desses livros foram extremamente importantes para o cristianismo dos primeiros séculos, como o livro do Eclesiástico. Além disso, defini-los como textos apócrifos pode gerar grande confusão ou desprezo por esses textos, já que grande parte dos cristãos desconhece o real significado desse termo.

O termo *apócrifo* vem da língua grega e indica algo reservado, oculto ou escondido. Na verdade, há uma dificuldade entre os autores em definir com mais exatidão essa expressão. Num primeiro momento, foi usado para designar livros privados de alguma seita. Contudo, o termo, ao longo da história, recebeu outras acepções. Em determinado momento, a expressão *apócrifo* passou a definir certos livros de origem duvidosa e, posteriormente, passou a ser atribuído a escritos considerados heréticos ou impróprios. Na Igreja, o termo simplesmente se refere àqueles livros não canônicos, ou seja, "os livros que se apresentam com pretensão de inspiração divina e que não são recebidos como tais pelas comunidades" (Konings, 2000, p. 168).

Além disso, existe uma variedade de livros com forma literária muito semelhante aos textos do Antigo e do Novo Testamento que nunca fizeram parte do cânon bíblico. Aliás, vários desses materiais apócrifos se constituem na literatura favorita de muitos judeus, como também de muitos cristãos. Defini-los como apócrifos significa somente que as comunidades, tanto judaica quanto cristã, não os aceitam como inspirados e que, em nenhum momento, foram ou são usados no culto público.

Essas informações evidenciam que o Antigo Testamento não consiste em uma coletânea da literatura de Israel e que o conjunto veterotestamentário não reúne todos os livros que esse povo escreveu. Na Bíblia, há, até mesmo, o testemunho de obras variadas, perdidas no tempo, como o *Livro do Justo* ou os *Anais dos reis de Israel* (Sicre, 1994).

Outra terminologia que pode auxiliar o estudo da Bíblia corresponde à palavra ***pseudepigráfico***, que significa "de atribuição falsa" (Konings, 2000, p. 169). Esse termo designa livros que têm sua autenticidade literária questionada e, por esse motivo, não são aceitos no cânon bíblico, seja judaico, seja cristão.

Contudo, mesmo que esse termo tenha esse significado, a atribuição de um texto ou livro a um autor que, de fato, não é o responsável pela obra era algo muito comum na Antiguidade, incluindo as tradições hebraica e cristã. Essa prática era adotada com o intuito de assegurar a aceitação de uma obra ou homenagear determinado autor. Um exemplo clássico é a atribuição do Pentateuco a Moisés, ou, ainda, inúmeros salmos que são atribuídos a Salomão. Dessa forma, muitos dos livros canônicos são considerados livros pseudepigráficos (Konings, 2000).

Concluímos esta lista de terminologias para o estudo da Bíblia com a palavra ***testamento***, que tem dois sentidos, quais sejam: (1) teológico; e (2) literário. No sentido teológico, o termo se refere à Aliança que Deus constituiu com o povo de Israel. Entretanto, se consideramos o sentido literário, o Antigo Testamento ou o Novo Testamento se referem ao nome de um conjunto de livros que apresenta uma experiência humana e religiosa específica.

Assim, esclarecidos alguns termos importantes, a seguir trataremos propriamente do cânon bíblico.

5.2 O cânon do Antigo Testamento

O povo de Israel, em vários períodos históricos, sempre teve a consciência de possuir livros que eram verdadeiramente a expressão da Palavra de Deus, servindo-se deles como norma à vida de fé.

Então, quando, de fato, foi possível na história de Israel falar de uma lista canônica oficial de livros que formaram a Sagrada Escritura, excluindo as demais literaturas ou tradições do povo bíblico?

A existência de uma lista normativa definitiva para os judeus, como conhecemos hoje, foi um acontecimento um tanto tardio. No prólogo do livro do Eclesiástico, redigido por volta do ano 130 a.C., o tradutor da obra assegura que os textos normativos para os judeus se dividiam em três categorias: (1) da Lei; (2) dos profetas; (3) de outros Escritos (Eclo 1-2.8-10.24-25) . Portanto, quando o tradutor publicou sua obra, essas três categorias de livros já estavam delimitadas.

Os livros da Lei de Israel – Gênesis, Êxodo, Levítico, Números e Deuteronômio – estavam definidos desde o período de Esdras, "quando recebeu sua forma definitiva" (Mannucci, 2008, p. 224).

O conjunto dos livros proféticos que se referia aos profetas anteriores – Josué, Juízes e 1 e 2 Reis – e aos profetas posteriores – Isaías, Ezequiel, Jeremias e os conhecidos como *doze profetas menores* – também já estava formado quando o autor do Eclesiástico escreveu sua obra, aproximadamente no ano 180 a.C. (Di Lella, 2013).

Quanto ao grupo dos Escritos, é difícil definir sobre quais livros ele se refere, já que a menção foi feita de forma genérica. Segundo Mannucci (2008), os capítulos 44 a 50 da obra, que recebe da Bíblia de Jerusalém o título de *Elogio dos pais*, reúne os nomes de personagens e fatos referentes à segunda categoria de livros mencionados no prólogo, mas não faz menção a Esdras, Ester e Daniel. Além disso, um livro com datação um pouco posterior ao Eclesiástico, o livro 2 Macabeus, cita a Lei e os Profetas, mas está ausente nele o grupo denominado *Escritos*: "Confortando-os então por meio da Lei e dos Profetas" (2Mc 15,9).

Na definição do cânon da Septuaginta, há, igualmente, grande dificuldade. Primeiro, porque pela própria origem lendária dessa tradução não é possível definir o momento em que se fixou um número de livros para o cânon. Em termos gerais, o Antigo Testamento grego é produto de três séculos de história, incluindo tanto os textos traduzidos do hebraico para o grego quanto aqueles escritos originalmente na língua grega.

Dois problemas acentuam a dificuldade em se determinar com exatidão os livros que compõem o cânon da Septuaginta: já não existe o texto original alexandrino, somente transcrições dele, as quais não remontam mais que ao terceiro século da era cristã; e nas reproduções cristãs da Bíblia grega, não há um consenso sobre o número de livros que a compõem (Mannucci, 2008).

Preste atenção!

O historiador Flávio Josefo, que viveu no primeiro século da era cristã, menciona, em uma de suas obras, 22 como o número de textos considerados sagrados para os judeus. Ainda assim, não é possível ter certeza de que essa opinião era unânime entre o povo judeu da época desse historiador (Mannucci, 2008).

O que pode ter ocorrido, e com frequência foi sugerido pelos estudiosos, é que o cânon hebreu tenha sido definido "numa espécie de Sínodo rabínico que se realizou em Jâmnia [...] onde o Rabi Johanan ben Zakkai havia fundado sua escola no tempo da queda de Jerusalém" (Mannucci, 2008, p. 227); mas tal sugestão não é mais sustentada.

O que podemos concluir sobre o cânon hebraico ou grego do Antigo Testamento, a partir dessas informações? Quatro pontos são importantes para chegarmos a uma solução adequada:

1. o fato da destruição do Templo pelos romanos em 70 d.C. fez do judaísmo a religião do Livro, mas ainda não foi nesse momento que o cânon judaico foi definido;
2. várias disputas no interior do judaísmo serviram de estímulo para a fixação de uma lista de livros sagrados;
3. é possível falar de uma definição mais rígida dos livros canônicos do judaísmo no final do terceiro século da era cristã;
4. os judeus podem ter sido motivados a estabelecer definitivamente na lista de livros sagrados somente aqueles textos que circulavam no passado nas línguas hebraica e aramaica, o cânon restrito, pelo fato de a tradução grega da Septuaginta ter sido adotada pelos cristãos (Mannucci, 2008).

A definição do cânon veterotesteamentário na Igreja Católica aconteceu em um processo igualmente complicado. Mesmo sendo encontrada no Evangelho segundo Lucas uma indicação dos livros reconhecidos pelo movimento cristão como sagrados (a Lei de Moisés, ou seja, a Lei, e os Profetas), o terceiro grupo de livros da Escritura judaica, designado de *Escritos*, não é citado pelo evangelista. Lucas menciona, na sequência, apenas os Salmos (Mannucci, 2008).

Há, de fato, em outros textos, alusões quanto aos livros deuterocanônicos. Como, por exemplo, ao livro da Sabedoria (Rm 1,19ss; Hb 8,14); ou a Tobias (Ap 8,2); também ao segundo livro de Macabeus (Hb 11,34); ao Eclesiástico (Tg 1,19); e ao livro de Judite (1Cor 2,10). No entanto, nenhuma menção é feita a respeito de algum livro do bloco dos protocanônicos, como Esdras, Neemias, Rute ou Eclesiastes. Há, porém, referências a certos livros apócrifos, como os salmos de Salomão, o quarto livro de Macabeus, e o da Assunção de Moisés. Além disso, de forma direta, a Carta de São Judas cita o livro de Enoc (Ju 14-15).

Dessa forma, embora a Septuaginta seja a principal fonte do Novo Testamento, não é possível determinar com precisão qual era o cânon do Antigo Testamento no período em que o material neotestamentário foi composto.

Quando, enfim, o judaísmo fixou sua lista de livros canônicos no século II da era cristã, escolhendo para si o cânon hebraico, ainda não havia um consenso para o magistério da Igreja Católica na definição dos livros sagrados, pois a Igreja do Oriente e a Igreja do Ocidente não entraram em acordo a respeito da aceitação dos cânones: aceitariam a lista de livros mais curta do Antigo Testamento, o cânon hebraico, ou a lista mais longa, o cânon grego (Mannucci, 2008).

Podemos, enfim, falar de um **cânon normativo** do Antigo Testamento para a Igreja Católica apenas no século XVI, no Concílio de Trento, em que foram definidos solenemente os livros sagrados veterotestamentários, o cânon mais amplo, abrangendo tanto os livros protocanônicos quanto os deuterocanônicos, como afirma, mais tarde, o Concílio Vaticano I: "Estes livros do Antigo Testamento e do Novo Testamento, tomados integralmente com todas as suas partes – assim como são elencados no decreto do mesmo Concílio (isto é, o Concílio de Trento) e como estão contidos na antiga edição da Vulgata[1] – devem ser aceitos como sagrados e canônicos" (Mannucci, 2008, p. 233-234).

Importante!

O Concílio Vaticano II reafirma o que definiu o Concílio Vaticano I, acrescentando o critério da tradição da Igreja na definição do cânon:

> A mesma tradição dá a conhecer à Igreja o cânon das Escrituras Sagradas, faz com que sejam nela cada vez melhor compreendidas e sempre colocadas em prática. Dessa forma, Deus, que falou no passado, conversa hoje incessantemente com a esposa de seu Filho. O Espírito Santo mantém viva, na Igreja, a voz do evangelho que, através dela, repercute em todo o mundo, encaminha os fiéis para a plena verdade, fazendo habitar neles a palavra de Cristo, com todas as suas riquezas. (DV, n. 8)

Enfim, diante dessa exposição, concluímos que a canonicidade de um texto foi tema de muito estudo e discussão. Além disso, podemos perceber o cuidado dispensado pelo Concilio Vaticano não apenas à tradição cristã, mas também à tradição judaica.

1 Tradução do texto bíblico, das línguas originais para o latim, feita por São Jerônimo.

5.3 O cânon do Novo Testamento

A definição dos livros canônicos do Novo Testamento também tem sua história. A princípio, algum material paulino foi reconhecido com o mesmo valor dos livros inspirados da Sagrada Escritura, conforme menciona a segunda Carta de Pedro, que pode ser datada entre os anos 100 e 120 d.C. (2Pd 3,16).

Um fato certo é que a maioria desses escritos cristãos eram destinados a comunidades particulares, como no caso dos evangelhos. Aos poucos, o material composto nessa fase foi adquirindo importância, e a comunidade que recebeu o texto compreendeu a necessidade de conservação desse material como Escrito Sagrado. Entretanto, tratava-se ainda de uma coleção incompleta.

A expressão *Novo Testamento* aparece somente com Tertuliano, no ano 200 d.C., momento em que surgem duas listas de livros neotestamentários: "no fragmento Muratoriano e em Orígenes. Sinal, portanto, de que neste período já se havia firmado o conceito de uma coleção de Escrituras cristãs" (Mannucci, 2008, p. 238).

Porém, tanto a lista de livros mencionada no fragmento de Muratori quanto a lista citada por Orígenes, testemunhada por Eusébio no terceiro século, não apresentam a lista canônica do Novo Testamento como conhecido hoje. Assim, no decorrer dos séculos houve várias discussões a respeito do cânon dos livros considerados inspirados.

Na lista de Muratori, por exemplo, não aparece a Carta aos hebreus, Tiago, primeira e segunda Carta de Pedro e terceira Carta de João. Enquanto a lista de Orígenes deixa dúvidas a espeito da segunda Carta de Pedro e das Cartas segunda e terceira de João. Por volta do ano 320 d.C., há uma distinção entre livros reconhecidos, livros discutidos e livros espúrios, ou seja, textos com pretensão de autoria apostólica, mas sem qualquer garantia de receberem tal classificação (Mannucci, 2008).

Dois documentos do século IV, o cânon Claromontano e o Cânon Momseniano não apresentam o texto de Hebreus. O texto de Judas também está ausente neste último (Mannucci, 2008).

A Igreja Siríaca, no século IV, tem um cânon composto por 17 livros, apenas. Nessa lista apresentava-se uma versão única das quatro narrativas evangélicas, chamada de *Diastéssaron*, acompanhada do livro dos Atos dos Apóstolos e de 15 cartas paulinas, incluindo a Epístola aos Hebreus. Excluindo, além das sete cartas católicas – 1, 2 e 3 João, 1 e 2 Pedro, Judas e Tiago – o livro do Apocalipse.

No século V, esse mesmo cânon sofreu modificações, por exemplo, a substituição do *Diastéssaron* pelos quatro Evangelhos e a recuperação de apenas algumas das cartas católicas, desconsiderando o Apocalipse. De fato, a Igreja Siríaca jamais acolheu plenamente os livros deuterocanônicos (Mannuci, 2008).

A Igreja Antioquena, aceitando a influência siríaca para seu cânon, não consolidou até hoje em sua lista de livros sagrados as cartas de 1 e 2 Pedro, 2 e 3 João, Judas e o livro do Apocalipse.

As Igrejas cristãs orientais, chamadas *Ortodoxas*, não são unânimes na definição de sua lista canônica; a maioria delas aceita o mesmo cânon longo acolhido pela Igreja Católica Romana. Há, porém, variações de posicionamentos, como a Igreja russa, que, após a Reforma Protestante, retirou de sua relação de textos canônicos os livros deteurocanônicos. A Igreja etíope, além de acolher o mesmo cânon da Igreja Católica Romana, acrescentou a ele outros livros, somando em seu cânone um total de 35 livros (Mannucci, 2008).

Nessa pequena exposição é possível perceber a dificuldade em se definir uma lista normativa dos escritos do Novo Testamento. Para esclarecermos a razão dessa complexidade, devemos citar alguns pontos importantes para essa escolha:

- o texto era destinado a uma comunidade particular;
- era significativa a dificuldade de comunicação entre as igrejas naquela época;
- a definição ou não da autoria apostólica dos textos devia ser confirmada pelas tradições.

A preocupação da Igreja em definir uma lista de livros canônicos foi motivada também pela vasta literatura do início do cristianismo e por algumas posturas radicais, como a atitude de um bispo chamado Marcião, que pretendia excluir do cristianismo toda a memória do judaísmo, o Antigo Testamento (Catenassi, 2018).

Além disso, para serem compreendidos como livros sagrados, os textos neotestamentários deveriam responder a dois critérios: (1) ter reconhecida sua origem apostólica, mesmo que fosse ela real ou aparente; (2) apresentar coerência de conteúdo perante os ensinamentos dos apóstolos. Por isso, como não se tem certeza a respeito da autoria de alguns dos livros que estão no Novo Testamento e pela existências de pontos doutrinais diferentes daqueles ensinados pelos apóstolos, seu valor canônico e de inspiração foi discutido, por certo tempo, pela Igreja (Manucci, 2008).

O problema quanto ao livro do Apocalipse, a Carta aos hebreus e a segunda Epístola de Pedro foi exatamente a dúvida se haviam sido, de fato, escritos por João, Paulo e Pedro. E o livro do Apocalipse não apresentava apenas problemas em assegurar uma possível origem apostólica, mas também dificuldades sobre sua interpretação, sofrendo distorções de sentido, como a visão milenarística[2] dos textos.

2 O milenarismo é uma crença religiosa baseada na interpretação literal de Apocalipse 20,1-10, compreendendo esse texto da seguinte maneira: "após a primeira ressurreição real, a dos mártires, Cristo voltaria sobre a terra para um reino feliz de mil anos, em companhia de seus fieis. Esse milenarismo literal nunca foi favorecido na Igreja" (Bíblia, 2004, p. 2.164).

Com relação à segunda e à terceira Epístolas de São João, a brevidade do texto e o conteúdo pouco teológico depuseram contra a autenticidade das cartas (Mannucci, 2008).

O texto de Judas, além de ter sua autoria questionada, enfrentou problemas para sua aceitação como canônico por citar em seu conteúdo o livro apócrifo de Enoc. A Carta de Tiago teve problemas na afirmação de sua paternidade literária, assim como surgiram desconfianças referentes à doutrina apresentada no texto, como a referente à afirmação de que "a fé, se não tiver obras, está completamente morta" (Tg 2,17).

A definição do cânon neotestamentário católico romano foi responsabilidade do Concílio de Trento (século XVI)[3], que conferiu canonicidade não apenas aos livros, mas também aos seguintes fragmentos: Mc 16,9-20, Lc 22,43-44 e Jo 7,53-8,11. Essas passagens estão presentes na tradução original da Vulgata de São Jerônimo, a qual também se constituiu como critério de canonicidade dos textos.

Duas pequenas partes enfrentaram mais resistência para serem aceitas no cânon neotestamentário católico romano, já que não haviam sido incluídas na Vulgata de São Jerônimo. Trata-se de um versículo do Evangelho segundo João (Jo 5,4) e dois versículos da primeira Epístola de João (1Jo 5,7-8).

Assim, voltamos à definição do cânon bíblico pelo magistério da Igreja. O Concílio de Trento, reafirmado pelo Concílio Vaticano I, e assegurado pelo Concílio Vaticano II, sublinha que é no protagonismo da tradição que reside o caráter definitivo do cânon do Antigo e do Novo Testamentos.

3 Durante o Concílio de Trento, em 18 de abril de 1546, em uma das sessões conciliares, foi definida uma lista dos livros sagrados do Antigo e do Novo Testamentos. A esse respeito, Mannucci (2008, p. 232-233) cita: "julga oportuno acrescentar ao presente decreto o elenco dos livros sagrados, para que ninguém possa duvidar quais sejam os livros reconhecidos como sagrados pelo mesmo Concílio".

Quanto ao critério na definição do cânon na teologia protestante, o fator determinante foi a Reforma Protestante, "quando os reformadores substituíram os critérios externos, ligados à autoridade da Igreja magisterial e da sua tradição, por critérios internos capazes de se imporem a todo crente e à própria Igreja" (Mannucci, 2008, p. 244). Para o cânon do Novo Testamento, Martinho Lutero fez uma distinção entre os livros que considerava terem maior autoridade e aqueles com menor autoridade. João Calvino se referiu à soberania da decisão de Deus quanto aos livros sagrados (Mannucci, 2008).

Desse modo, as Igrejas cristãs pós-reforma, conhecidas como protestantes ou evangélicas, decidiram, a princípio, pela seleção hebraica dos livros do Antigo Testamento. Atualmente, porém, elas têm o hábito de editar os textos deuterocanônicos na parte final de suas Bíblias.

Mannucci (2008) explica que o reconhecimento dos livros canônicos no cristianismo católico e no protestantismo está muito mais relacionado à concepção de cada um deles propriamente, do que sobre a questão da canonicidade dos livros definidos como regra de fé.

Assim, a partir dessa exposição, podemos refletir sobre o cuidado da Igreja com a Sagrada Escritura e o esforço humano em se colocar numa posição de abertura e coerência com aquilo tudo que é depósito da fé[4].

Apresentamos a seguir o processo de composição desses textos; considerando que são em número menor do que o número de livros do Antigo Testamento, nos esforçamos para aludir às possíveis datas de composição, com o objetivo de somar informações a esta obra.

4 Indicamos, para continuação do estudo sobre a recepção da Sagrada Escritura na história da Igreja, a obra de Catenassi (2018).

5.3.1 A composição do cânon do Novo Testamento

Discorrer a respeito da história da composição dos livros do Novo Testamento é uma tarefa bastante complexa. Como explicitamos na seção anterior, na época de Jesus o povo judeu já tinha formado sua concepção de Escritos Sagrados (Lei, Profetas e outros livros) e, quando os cristãos falavam em Escritura, também era a esses grupos que eles se referiam (Brown, 2012).

Isso também era verdadeiro porque a proclamação do Reino de Deus que havia chegado tornava-se presente propriamente na pessoa de Jesus e não dependia de uma fixação na forma escrita. O Reino de Deus foi inaugurado e tinha continuidade nos gestos e nas palavras de Jesus. Além disso, a realidade na qual se encontravam as primeiras gerações cristãs, após o evento da ressurreição de Jesus, era de uma forte tensão escatológica. As comunidades cristãs entendiam a Parusia do Senhor como um acontecimento iminente, não havia o interesse em deixar algo escrito para as gerações futuras, o que seria totalmente desnecessário já que o reino escatológico estava tão próximo.

Portanto, os primeiros escritos do Novo Testamento foram cartas endereçadas para comunidades específicas, visando, sobretudo, dar respostas a questões urgentes. Nessa perspetiva, o restante das situações se resolveria com a vinda do próprio Cristo.

Nesse contexto, Paulo se tornou o primeiro dos escritores do Novo Testamento. O apóstolo, na metade do primeiro século da era cristã, escreveu o mais antigo documento do cristianismo: sua epístola dirigida aos cristãos de Tessalônica. Ainda nesse período, Paulo escreveu à comunidade da Galácia, de Filipos, à comunidade de Corinto (1 e 2Cor), a Filêmom, além de uma carta aos cristãos de Roma.

Entre 70 e 100 d.C., surgiu uma literatura de cunho mais permanente, incorporando em seu conteúdo instruções mais gerais. Algumas delas foram atribuídas à Paulo, embora o apóstolo já tivesse morrido, com o objetivo de conferir a elas a autoridade do apóstolo, chamadas, por isso, de *literatura deuteropaulina*. Faz parte desse grupo de textos a segunda Carta aos tessalonicenses, a Carta aos colossenses, as Cartas pastorais, primeira e segunda de Timóteo e a Carta a Tito. Nesse mesmo período, foram produzidas as Cartas de Pedro, Tiago e Judas, cuja autoria era atribuída propriamente aos apóstolos ou a pessoas muito próximas a Jesus (Brown, 2012).

De todo esse material, provavelmente os textos mais conhecidos sejam os quatro livros do gênero evangelho. Em ordem cronológica, como já informamos nesta obra, primeiramente foi escrito o texto de Marcos, entre os anos 60 e 70 d.C. Em seguida, foram escritos os Evangelhos de Mateus e Lucas, aproximadamente entre os anos 80 e 90 d.C. O Evangelho de João foi o último a ser composto, datado entre os anos 90 e 100 d.C., já no final do primeiro século (Brown, 2012). O livro dos Atos dos Apóstolos foi escrito entre os anos 80 e 90 d.C., alguns anos depois da redação da obra evangélica do mesmo autor; e o Apocalipse de São João, último texto a entrar no cânon do neotestamentário, foi escrito, muito provavelmente, entre os anos 92 e 96 d.C. (Brown, 2012).

Aos poucos, esse material foi interpretado como norma de vida para os cristãos. Ressaltamos que os livros do Novo Testamento manifestam a canonicidade da Sagrada Escritura que os cristãos herdaram do judaísmo. Entretanto, os textos veterotestamentários, como já mencionado, eram lidos sob um novo viés: eram interpretados a partir de Jesus Cristo e da pregação apostólica, conforme atestam o Evangelho segundo Lucas (Lc 24,27.32), e o Evangelho segundo Mateus (Mt 28,19-20).

Sublinhamos, ainda, a importância do prólogo explicativo do Evangelho de Lucas (Lc 1,1-4). Nele, o evangelista afirma que já existiam escritos a respeito dos fatos conforme a transmissão dos próprios apóstolos, e que a ele pareceu adequado, também, oferecer uma narrativa consistente com base no testemunho apostólico. Dessa maneira, Lucas apresenta à comunidade um evangelho recolhido da tradição apostólica, mostrando-se, no referido prólogo, consciente de narrar palavras e fatos que já eram normas para a comunidade cristã, ou seja, já eram canônicos (Caro, 2011b).

Outra fonte de igual importância para a compreensão da canonicidade dos textos é o final da narrativa evangélica de Marcos. O material recebeu um acréscimo anos após ser redigido. Por volta do ano 150 d.C., o texto original recebeu uma conclusão que o completou adequadamente, valendo-se de uma combinação de tradições e citações encontradas nos Evangelhos de Mateus, Lucas e João, como também de relatos do livro dos Atos dos Apóstolos. Desse modo, mais do que depor a favor da veneração atribuída aos outros escritos do Novo Testamento, o acréscimo tardio que foi feito ao Evangelho de Marcos "é também um testemunho da passagem da tradição apostólica e normativa oral para a tradição, igualmente apostólica e normativa, porém agora plasmada em escrito" (Caro, 2011b, p. 68).

De fato, podemos perceber pelas informações apresentadas a mentalidade cristã daquele período, confessando a tradição apostólica desses textos como canônica. Outra fonte constante no texto bíblico dessa compreensão da consciência dos textos neotestamentários como regra de fé e de vida está no Evangelho de João. O evangelista alega reflexão de canonicidade, qualificando a própria narrativa como normativa. Para João, o objetivo de sua obra era levar a comunidade a ter fé no Senhor Jesus e a crer no que estava segurado por escrito para, dessa forma, alcançar a salvação ofertada por Jesus Cristo. Assim, diz o autor a respeito de si mesmo e de seu evangelho: "Este é o discípulo que dá testemunho dessas coisas e foi quem as escreveu: e sabemos que seu testemunho é verdadeiro" (Jo 21,24).

Ainda, nessa mesma perspectiva de norma, enquadra-se a declaração da segunda Carta de Pedro. Esse material, que pode ter sido o último a ser escrito, com datação provável do início do segundo século, recorda a autoridade daqueles que eram os ensinamentos dos profetas, assim como o anúncio apostólico (2 Pd 3,1-4) (Caro, 2011b).

E não para por aí! Paulo igualmente é lembrado na Carta de Pedro, que menciona os textos paulinos em paralelo com "as demais Escrituras" (2 Pd 3,15-16). Portanto, sua interpretação deve ser como norma de fé, tal qual as outras.

Podemos encontrar também no livro do Apocalipse a mesma confissão de canonicidade por parte do autor. Na conclusão do texto, o escritor apresenta uma espécie de formulação canônica, repreendendo quem quer que seja capaz de acrescentar ou retirar, alterando de alguma maneira o conteúdo do livro, sublinhando, assim, a própria autoridade do texto e sua origem divina (Ap 22,18-19). No prólogo, verifica-se ideia semelhante. Nele, encontra-se um roteiro de leitura para o livro (Ap 1,1-3), o que demonstra que o Apocalipse foi compreendido como uma "escritura normativa para as gerações posteriores" (Caro, 2011b).

5.4 A inspiração bíblica

Iniciaremos agora uma exposição a respeito da inspiração bíblica. Demonstraremos que a compreensão dessa inspiração acontece também por um processo que é progressivo na história da Igreja e que entendê-la corretamente é essencial para quem se dedica aos estudos bíblicos.

Importante!

O termo *inspiração*, quando relacionado à Sagrada Escritura, refere-se à compreensão de texto que tem origem divina. Desse modo, a Palavra de Deus é também a notícia, fixada na forma escrita, de eventos e palavras que envolvem a Revelação, notícia definida pelo Concílio Vaticano II como inspirada pelo Espírito Santo (DV, n. 9).

Deus se revela e inspira! Assim, é importante que identifiquemos que inspiração não é o mesmo que Revelação. Revelação se manifesta como ato essencial de Deus, por meio do qual ele comunica a si próprio, quem ele de fato é e o mistério de sua vontade para o ser humano (Pontifícia Comissão Bíblica, 2014). A característica de inspiração se relaciona com os seres humanos, protagonistas escolhidos por Deus para a transmissão dessa Revelação na forma escrita.

Nos textos do Antigo Testamento, faz-se perceptível a consciência que Israel tinha de sua Sagrada Escritura ser, de fato, Palavra de Deus. Contudo, não é evidenciado nos textos veterotestamentários como se realizava essa ação divina. Verifica-se, antes, nesses textos, o testemunho da presença ativa e eficaz do ***Espírito de Deus***, título preferido para sublinhar o poder de Deus em ação.

O Espírito de Deus deu origem e conduziu toda a história do ser humano, transformando-a em história da salvação. Sua presença sagrada que é descrita como vento (Gn 1,2), como força (Jz 13,25), como fonte de vida (Ez 37,9), como brisa (1Rs 19,12), como línguas de fogo (At 2), como dom (1Cor 12,4-11), faz do ser humano sacramento, sinal visível do Deus invisível. Também é possível afirmar que o Espírito de Deus estava nos protagonistas da história da salvação de maneira ativa e eficaz, pois os fazia agir e falar (Mannucci, 2008).

Quanto à ação, os textos mencionam o Espírito que se apoderava dos líderes do povo e descia sobre eles (Nm 11,17; 1Sm 16,13), os revestia (Jz 6,34), os transformava (1 Sm 10;6-10). Assim, podemos nos expressar sobre uma inspiração de caráter pastoral no meio do povo de Israel. E, quanto ao falar, o mesmo Espírito revelava as intenções e os apelos de Deus para seu povo. Ele revelava sua vontade e seus mandamentos ao povo. Os profetas, como mensageiros da Palavra de Deus, são um exemplo singular dessa manifestação divina: é o Espírito que repousa sobre Ezequiel e ordena que o profeta fale (Ez 11,5); que coloca as palavras de Deus na boca do profeta Isaías (Is 59,21); que concede força, de direito e coragem. O Antigo Testamento testemunha que "o ministério do profeta é obra do Espírito (Ne 9,30; Zc 7,12)" (Mannucci, 2008, p. 143). Portanto, a inspiração é também profética.

Importante!

Ambas as inspirações, pastoral e profética, encontram sua realização plena em Jesus de Nazaré e continuam no ministério dos apóstolos, no anúncio evangélico proclamado por eles. As mesmas inspirações continuam também guiando a Igreja, por exemplo, na missão de Filipe (At 8,29-39), na ação de Pedro (At 10,19ss) e dos demais protagonistas dessa missão, que são os responsáveis pelas comunidades cristãs (At 21,28) (Mannucci, 2008).

E, se o Espírito de Deus se faz presente em todos esses momentos da história da salvação, "certamente não podia ausentar-se no momento definitivo e determinante em que toda a história da salvação reveladora do desígnio de Deus era entregue à memória escrita, de modo a alcançar, através do Livro Sagrado, os homens de todos os tempos em vista da constituição do povo de Deus" (Mannucci, 2008, p. 144).

O período apostólico favoreceu fortemente a compreensão da inspiração bíblica, porque nele é possível falar, de fato, do tempo do Espírito Santo.

O movimento cristão herdou da antiga Aliança o vínculo entre a Palavra de Deus escrita e o Espírito de Deus, acentuando essa dinâmica em várias citações do Antigo Testamento (Mc 12,36; Mt 22,43; At 1,16; 4,25; Hb 3,7), até mesmo relacionando o Espírito de Deus ao Espírito de Cristo:

> A respeito dessa salvação investigaram e pesquisaram os profetas que profetizaram a respeito da graça que vos era destinada, procurando saber a que termo e a que circunstância se referia o Espírito de Cristo, que estava neles, ao pronunciar os sofrimentos que haviam de sobrevir a Cristo e as glórias que viriam após. A eles foi revelado que não para si mesmos, mas para vós, administravam essa mensagem, que agora vos anunciam aqueles que vos pregam o Evangelho, no Espírito Santo enviado do céu, e ao qual os anjos desejam ardentemente perscrutar. (1Pd 1,10-12)

Dois textos são fundamentais no reconhecimento da Sagrada Escritura, o Antigo Testamento, como Palavra de Deus, assim como a literatura produzida pela comunidade cristã: 2 Pedro 1,16-21 e 2 Timóteo 3,14-17. É importante que você, leitor, faça a leitura desses textos e perceba essa compreensão.

A discussão da Carta de Pedro é sobre a demora da Parusia que incomoda os cristãos. Nos versículos 20 e 21, o escritor sagrado coloca a profecia oral e a escrita num mesmo plano de participação do Espírito. É o espírito que garante a realização da profecia na qual os cristãos deveriam ter fé. Os profetas comunicam a mensagem de Deus porque é o Espirito Santo que os move. A profecia que, exteriormente, é palavra humana, em sua natureza mais íntima, é inspiração de Deus.

Na carta dirigida a Timóteo, Paulo afirma que toda a Sagrada Escritura é inspirada por Deus e ratifica a eficácia da Palavra de Deus na vida dos fiéis: "Toda Escritura é inspirada por Deus e útil para instruir, para refutar, para corrigir, para educar na justiça" (2Tm 3,16).

A palavra grega usada por Paulo é *theopneustos* (Manucci, 2008), traduzida como "inspirada por Deus". Desse modo, o Novo Testamento pronuncia-se de maneira formal a respeito da inspiração divina da Escritura Sagrada. Em suma, trata-se de uma junção entre inspiração pastoral, vivida, e inspiração profética, falada, ambas unidas à inspiração bíblica, fixada na forma escrita. E, por meio dos livros sagrados, o Espírito Santo prolonga sua inspiração na vida da comunidade de fé, pois é o mesmo Espírito que move o ser humano para crer: "Essa prestação de fé não se faz sem o auxílio anterior da graça de Deus e o suporte interior do Espírito Santo, que leva o coração à conversão para Deus" (DV, n. 5).

Portanto, existe um poder misterioso de inspiração que age na comunidade da Igreja, mas também no interior de cada uma das pessoas, que se faz presente e age no íntimo da vida humana. Essa é uma presença misteriosa, porém, verdadeira.

Explicaremos agora como ocorre a inspiração divina. Já esclarecemos que, para o povo da Bíblia, se tratava de Palavra de Deus tanto os eventos quanto as palavras por meio das quais se efetivou a Revelação, assim como era Palavra de Deus a notícia desses acontecimentos fixados na forma escrita. Confessar as Escrituras como Palavra de Deus demonstra o reconhecimento da origem divina desses textos, o que não exclui a ação humana; afinal, como já mencionado neste estudo, se trata de uma Palavra divina que passou pela condição humana, tendo assim, ao mesmo tempo, origem divina e humana (Artola, 2011).

No judaísmo da metade do século II a.C., assim como no primeiro século da era cristã, há duas compreensões sobre inspiração: a primeira entende a inspiração como algo totalmente sobrenatural, atribuindo aos autores sagrados o papel de receptores de um ditado de Deus, sendo o intelecto desses autores completamente anulado; a segunda define inspiração como escolha determinada e que confere autoridade à testemunha humana com o objetivo da redação da Revelação divina. No entanto, os dois casos não consideram a **liberdade** e a **consciência humana** que está presente na produção literária. Aliás, o judaísmo dos anos 400 a.C. a 100 d.C., além de declarar graus diferentes de inspiração dos livros bíblicos – tendo a *Torah* o nível máximo, os profetas, um nível inferior de inspiração divina, e os Escritos, um grau menor ainda –, entendia que o Espírito ditava o texto ao hagiógrafo (Mckenzie, 1983).

Segundo a compreensão grega de inspiração divina, os homens e as mulheres, protagonistas de oráculos divinos, ficariam num estado completamente estático, quando o humano era completamente anulado pela força do sagrado, e o sacerdote, ou a sacerdotisa, encontrava-se como num estado fora de si.

A definição de inspiração divina na Sagrada Escritura, ao contrário, compreende os escritores sagrados como homens que, condicionados por seu tempo histórico, são testemunhas da Palavra de Deus, comprometidos com as diversas circunstâncias da vida (Mannucci, 2008).

Importante!

Nos escritores bíblicos, realidade divina e humana estão associadas: o humano não é suprimido pelo divino, mas elevado por ele. Essa convicção é de grande importância, pois possibilita considerar adequadamente o processo do trabalho de composição e redação dos textos sagrados. Desse modo, tudo aquilo que pertence à atividade literária é assumido pelo Espírito Santo.

O tema da inspiração na Igreja não é resolvido de forma simples; antes, passa por um processo em diferentes períodos históricos, buscando o melhor modo de expressar a relação entre a Palavra de Deus e a palavra humana que ganha forma na palavra escrita, a Bíblia.

No período dos Padres da Igreja, os escritores sagrados eram mencionados como instrumentos de Deus, sendo admitidas as capacidades intelectuais e espirituais do humano que podem ser percebidas no texto (Mannucci, 2008).

No período de Santo Ambrósio e Santo Agostinho, para enfrentar os hereges que defendiam a contraposição entre o Antigo e o Novo Testamento, os padres definiram Deus como único autor dos livros sagrados. Portanto, Deus é autor da Antiga e da Nova Aliança, expressa em palavras na Bíblia – e esse foi o posicionamento adotado nos Concílios de Florença, Trento, Vaticano I e Vaticano II. Tal definição tem caráter simbólico, expressando que o Espírito Santo é autor por excelência, mas que escreve por meio de autores humanos, que são os autores verdadeiros das Escrituras. Surge, nesse ponto, a pergunta: Como podemos entender Deus como único autor das Escrituras? (Mannucci, 2008).

Para São Jerônimo, a Escritura era um ditado de Deus. A definição do santo foi acolhida pelo Concílio de Trento que aplicou a característica de ditado divino também às tradições orais, recebidas dos apóstolos.

Contudo, posteriormente ao Concílio de Trento, nasceu um entendimento, tanto no meio católico quanto no meio protestante, de inspiração como puramente um ditado divino em que o hagiógrafo se torna apenas um copista. Em consequência dessa postura, os concílios deixaram de usar a expressão *ditado* (Mannucci, 2008).

Não detalharemos aqui todas as expressões associadas, na sequência, à inspiração. Aludimos, apenas, algumas para uma aproximação a uma definição mais técnica do tema. A explicação da

Igreja sobre a Bíblia ser Palavra de Deus é expressa na constituição dogmática *Dei Verbum*:

> Tudo o que Deus revelou é fruto da inspiração do Espírito Santo, está contido e se dá a conhecer nas escrituras do Antigo e do Novo Testamento, cujos livros a Igreja, na fé dos apóstolos, considera sagrados e canônicos, por terem sido escritos sob a inspiração do Espírito Santo [...] Seu autor é Deus. Para escrevê-los, escolheu homens, de cuja capacidade e habilidade se serviu, a fim de que, agindo neles e por intermédio deles, transmitissem por escrito, como verdadeiros autores, tudo e somente aquilo que o próprio Deus queria. (DV, n. 11)

Desse modo, inspiração, por sua vez, aparece como ação, meio pelo qual Deus habilita certos homens escolhidos por ele a transmitirem de maneira fiel sua Revelação. Portanto, inspiração requer Revelação divina, além da comunicação de maneira fiel nos textos bíblicos.

Antes de encerrarmos o tema da inspiração bíblica, é necessário destacar que, ao considerar a Revelação escrita Palavra de Deus, o que de fato precisamos ter em mente é que essa definição não exclui o entendimento de que os livros inspirados apresentam limitações, enganos históricos e contradições. Aliás, no Antigo Testamento estão expressos "preceitos e comportamentos morais em conflito com os ensinamentos de Jesus" (Pontifícia Comissão Bíblica, 2014, p. 181).

Por isso, nos estudos bíblicos, devem ser considerados: os contextos históricos; a maneira de transmitir a mensagem utilizada pelo autor; os gêneros literários que faziam parte da época; e a cultura desse autor. Devemos lembrar, ainda, que atualmente não é possível ter acesso aos textos originais, mas a cópias de cópias, que tanto podem conter equívocos de copistas, como podem acrescentar interpretações. Por isso, o Concílio Vaticano II sublinha que Deus falou por meio dos seres humanos e de maneira humana e, para compreender a mensagem divina, devemos pesquisar e refletir sobre o sentido que pretendeu o hagiógrafo e o que Deus quis "manifestar por tais palavras" (DV, n. 12). Desse modo, tem grande importância a observação dos gêneros literários nos quais os escritos bíblicos foram desenvolvidos, como ensina o Concílio Vaticano II:

> É indispensável que o intérprete procure saber, levando em consideração as circunstâncias de tempo e de cultura em que escrevia o autor sagrado [...] deve-se considerar, além disso, o modo habitual de sentir, falar e narrar dos seus contemporâneos. Finalmente, como a Sagrada Escritura deve ser lida e interpretada no mesmo Espírito com que foi escrita, para entender corretamente o sentido dos textos sagrados não se pode desprezar o conteúdo, a unidade de toda a escritura e a analogia da fé. (DV, n. 12)

Concluindo, a inspiração divina corresponde à ação de Deus, que encontra e move a ação do homem. A Sagrada Escritura, ou o Antigo e o Novo Testamentos, é Palavra de Deus verdadeira, ainda que apresente "aspectos imperfeitos e transitórios" (DV, n. 15). Isso porque Deus, em seu infinito amor, sopra seu Espírito no autor sagrado, considerando a liberdade e o intelecto desse escritor. Assim, podemos retomar aqui aquela característica da manifestação em ações e palavras do povo da Bíblia, continuada na história da Igreja: Deus salva os seres humanos na história deles.

Síntese

Iniciamos este capítulo com a abordagem de terminologias importantes para o estudo da Bíblia. Dentre elas, versamos sobre a origem da palavra *cânon*, que atribui a um texto bíblico a característica de *canônico*, ou seja, indicando textos de valor normativo para a vida de fé das pessoas.

Explicamos que os livros que compõem o cânon do Antigo Testamento passaram por um processo histórico até sua definição como livros sagrados e que há diferenças na escolha dos livros que compõem a lista da Bíblia judaica e a lista da Bíblia grega, assim como há diferenças nos textos veterotestamentários que compõem o cânon católico e o evangélico.

Acrescentamos que essa questão da canonicidade dos textos foi igualmente complexa com o Novo Testamento e que, na Igreja Católica, a definição de todo cânon bíblico aconteceu solenemente, depois de muita discussão, apenas no Concílio de Trento – definição reafirmada posteriormente tanto pelo Concílio Vaticano I como pelo Concílio Vaticano II.

Enfim, clarificamos o que significa a expressão *inspiração bíblica*, a qual difere de *revelação*. Por *Revelação* se entende a manifestação de Deus como ato essencial, por meio da qual ele comunica a si próprio, quem ele de fato é e o mistério da sua vontade para o ser humano; a *inspiração*, por seu turno, tem a ver com a relação entre os seres humanos e Deus. Os autores sagrados são protagonistas escolhidos por Deus para a transmissão dessa Revelação em sua forma escrita. Desse modo, eles são inspirados pelo espírito de Deus para transmitir a mensagem divina.

Atividades de autoavaliação

1. Leia as afirmativas a seguir e marque V para as verdadeiras e F para as falsas:
   ( ) A religião cristã é a única que atribui a determinado texto a característica de *sagrado*.
   ( ) Desde a antiga religião egípcia até hoje, há, ao menos, 18 religiões que conferem a algum de seus livros com o atributo de *sagrado*.
   ( ) Escritura Sagrada é o nome dado a um conjunto de documentos ou escritos que guardam em seu conteúdo a doutrina de

uma religião determinada, como documentos de culto, orações ou rituais religiosos.

( ) O que essas religiões têm de essencial e em comum é a concepção de que a Escritura Sagrada é considerada proveniente do ser humano.

Agora, assinale a alternativa que apresenta a sequência correta de preenchimento dos parênteses, de cima para baixo:

a) F, V, V, F.
b) F, V, F, V.
c) V, F, V, F.
d) V, F, F, V.
e) V, V, F, F

2. Leia o texto a seguir, extraído da constituição dogmática *Dei Verbum*:

> Como se considera dito pelo Espírito Santo tudo aquilo que dizem os autores inspirados ou hagiógrafos, deve-se confessar que os livros das Escrituras ensinam firme e fielmente e sem sombra de erro a verdade que Deus quis transmitir nos livros sagrados, por causa da nossa salvação. "Toda Escritura é inspirada por Deus e útil para ensinar, para refutar, para corrigir, para educar na justiça, a fim de que o homem de Deus seja perfeito, reparado para toda boa obra" (2Tm 3,16ss). (DV, n. 11)

O trecho está se referindo aos livros bíblicos que têm valor regulador para a fé cristã católica. Como são chamados esses escritos?

a) Apócrifos.
b) Apostólicos.
c) Canônicos.
d) Espúrios.
e) Apocalípticos.

3. A discussão sobre a definição de um cânon do Antigo Testamento perdurou por longo tempo no interior da Igreja Católica. Apenas no século XVI foi definida de maneira solene uma lista dos livros para compor o conjunto veterotestamentário, abrangendo tanto os livros protocanônicos quanto os livros deuterocanônicos. Qual é o concílio responsável por essa definição?
   a) O Concílio de Jerusalém.
   b) O Concílio Vaticano I.
   c) O Concilio Vaticano II.
   d) O Concílio de Trento.
   e) O Concílio de Laodiceia.

4. Para os escritores bíblicos, realidade divina e humana estão associadas: o humano não é suprimido pelo divino, mas elevado por ele. Essa convicção é de grande importância, pois possibilita considerar adequadamente o trabalho de composição e redação dos textos sagrados. Desse modo, tudo aquilo que pertence à atividade literária é assumido pelo Espírito Santo. Estamos nos referindo ao conceito de:
   a) inspiração.
   b) apropriação.
   c) evangelização.
   d) instrumentalização.
   e) anulação.

5. Sobre a inspiração divina na Bíblia, assinale a afirmativa correta:
   a) A Sagrada Escritura, ou Antigo e Novo Testamentos, deve ser considerada Palavra de Deus verdadeira apenas em parte, pois apresenta aspectos humanos imperfeitos e transitórios.
   b) Por *inspiração divina*, compreende-se a ação de Deus que encontra e move a ação do homem.

c) Deus sopra seu Espírito no autor sagrado para que seja anulada a liberdade e o intelecto desse autor.
d) A inspiração bíblica considera ações e palavras totalmente desconectadas da história do povo de Israel uma característica da manifestação de Deus.
e) Nos escritos bíblicos, o conceito de inspiração define um ditado divino fixado por escrito por uma criatura celeste.

Atividades de aprendizagem

Questões para reflexão

1. Faça a leitura do primeiro escrito do Novo Testamento: a primeira carta de Paulo aos tessalonissences. São apenas cinco capítulos. Em seguida, elabore uma síntese dos assuntos tratados na carta. Lembre-se que o propósito de Paulo era responder às questões urgentes daquela comunidade específica. É possível encontrar nesse escrito uma mensagem para o mundo de hoje? De que maneira a mensagem desse texto de Paulo pode ser atualizada?

2. Considerar canônico um texto é acolher nele sua característica de norma para a vida, reconhecendo sua origem e inspiração divina. Como você compreende, tomando como base informações apresentadas neste capítulo, a inspiração bíblica? É possível que ainda hoje haja quem compreenda a inspiração bíblica como um ditado e o autor humano apenas como um instrumento que não exerce nenhuma influência na redação dos textos sagrados?

Atividade aplicada: prática

1. O estudo da Palavra de Deus tem poder transformador na vida da comunidade. Falamos aqui da eficácia da Palavra e de como ela toca aquele que se coloca a escutá-la. Apesar de muitos cristãos lerem os

textos bíblicos, poucos têm ideia da formação desses materiais, da compreensão desses escritos como normativos e, principalmente, a que se refere exatamente a inspiração divina. Mais ainda, as informações sobre as diferenças na definição do cânon sagrado entre o judaísmo e o cristianismo e, neste último, entre católicos e evangélicos, não constitui um problema, mas um ponto de diálogo e crescimento na vida de fé. Pensando que este estudo pode contribuir para o diálogo e a tolerância entre as diferentes denominações religiosas, promova momentos de diálogos ecumênicos com outras denominações. Outra possibilidade é propor a discussão sobre esse tema no interior de sua comunidade religiosa.

6
Leitura e interpretação bíblica

Neste capítulo, comentaremos sobre a leitura e a interpretação bíblica, o desenvolvimento, o método, incluindo as abordagens de leitura bíblicas com base na tradição, nas ciências humanas e na contextualização dos textos, além da leitura fundamentalista da Bíblia.

Ler os textos bíblicos é também escutá-los, estabelecer com eles um diálogo sincero, que gera reconhecimento diante da autoridade da mensagem apresentada, entendida como Palavra de Deus para a humanidade, como reafirmamos no capítulo anterior.

De fato, a leitura da Sagrada Escritura representa uma verdadeira conversa entre cada pessoa e Deus! Afinal, a Palavra escrita contém a Revelação de Deus em seu pleno amor na decisão de se manifestar à humanidade.

Por isso, ler as Escrituras é como ter um diálogo. Há, no texto bíblico, exemplos de que a Palavra de Deus é também uma conversa. O livro do Êxodo narra Deus falando com Moisés, numa espécie de conversa muito íntima: "Iahweh, então, falava com Moisés face a face, como um homem fala com seu amigo" (Ex 33,11). É possível falar a Deus colocando-se diante dele francamente, numa relação de amizade e tratando de coisas tão particulares e tão humanas, tendo a certeza de que ele responde e conduz esse homem interlocutor. Assim é Deus na Bíblia!

O Livro Sagrado não fala somente no passado, mas é Palavra viva que tem muito a dizer hoje. "Cada evento – e o texto é um evento – cria um rastro, e este rastro modifica a História" (Konings, 2000, p. 193). A Palavra divina se aproxima de cada um, oferecendo a possibilidade de uma nova existência, de um novo sentido para a vida! Ou melhor, a Palavra de Deus mostra o sentido verdadeiro da vida e, por isso, conduz o leitor ao envolvimento com o outro, numa dinâmica fraterna.

Somente quando se tem consciência de que a Palavra tem caráter comunitário, é que se pode plenamente ler a Bíblia e dialogar com ela. Afinal, ao considerar a mensagem que é essência da Palavra de Deus – amor, e amor entre irmãos –, como fazer tal leitura fora do contexto comunitário? Como viver as Sagradas Palavras no isolamento? Não é possível: "Descobrindo o que a comunidade significa em nossa vida, encontramos a pauta na qual podemos decifrar as mensagens mais centrais da Bíblia" (Konings, 2000, p. 194).

6.1 Leitura e releitura da Palavra de Deus

De grande importância para o leitor é perceber que, na própria Bíblia, há leituras e releituras dos textos sagrados. Konings (2000, p. 196) afirma: "leitura bíblica é releitura". E o estudioso acrescenta: "É fazer reviver a antiga palavra, a partir da tradição que ela criou para chegar até nós, na nova situação em que nos encontramos. Assim, é que os autores bíblicos recentes liam seus predecessores mais antigos (daí as numerosas citações de textos anteriores nos livros ulteriores)" (Konings 2000, p. 196).

Para esclarecer, recorremos a um exemplo desse recurso de **releitura e atualização.** No livro do profeta Oseias, há uma parábola que denuncia a infidelidade do Reino do Norte, que aderiu ao culto aos baais[1]. O texto diz que Deus "abrirá um processo contra os habitantes da terra, porque não há fidelidade nem amor, nem conhecimento de Deus na terra. [...] Meu povo consulta o seu pedaço de madeira, e o seu bastão faz-lhe revelações; porque um espírito de prostituição os desviou, eles se prostituíram, afastando-se de seu Deus" (Os 4,1.12).

Por volta de 120 anos mais tarde, o profeta Jeremias atualiza as palavras, proferidas na parábola de Oseias para o Reino de Judá. A mulher infiel, agora, é o Reino do Sul. Assim, Jeremias continua a conversa: "Assim disse Iahweh: Eu me lembro, em teu favor, do amor de tua juventude, do carinho do tempo do noivado, quando me seguias no deserto [...]. O que encontraram vossos em mim de injusto, para que se afastassem de mim e corressem atrás do vazio, tornando-se eles mesmos vazios? [...] E tu, que te prostituíste com inúmeros amantes, queres

1 Divindades estrangeiras.

voltar a mim!" (Jr 2,2.5; 3,1). O profeta, inclusive, alude ao Reino do Norte, já destruído: "A renegada Israel é mais justa do que a infiel Judá. Vai, pois, proclamar estas palavras no norte; tu dirás: Volta, renegada Israel – oráculo de Iahweh. Não farei cair sobre vós a minha ira, porque sou misericordioso" (Jr 3,11-12).

Aproximadamente 25 anos depois, Ezequiel resgata a parábola do profeta Oseias e faz eco, igualmente, à interpretação de Jeremias que menciona os dois reinos, Judá e Israel, e constrói uma alegoria histórica para os exilados na Babilônia, perguntando-se o que significaria aquela parábola de Oseias para o momento de então. O profeta diz assim: "houve certa vez duas mulheres, filhas da mesma mãe. Ambas se prostituíram no Egito durante a sua mocidade. [...] Oola se prostituiu enquanto minha, deixando-se seduzir pelos seus amantes, os assírios [...]. Ora, sua irmã, Ooliba, viu o que acontecera com ela, procuraram a fim de participarem do seu leito e a contaminarem com suas fornicações" (Ez 23,2-3.5.11.17). Vale a pena ler os textos completos!

Na sequência, pouco tempo depois, a parábola é citada na segunda parte do livro de Isaías, no chamado *deutero-Isaías*, e também na terceira parte, chamada de *Trito-Isaías*. O primeiro anuncia que Deus retomará a esposa, antes repudiada: "Como uma esposa abandonada e acabrunhada, Iahweh te chamou; como à mulher da sua mocidade, que teria sido repudiada, diz teu Deus. Por um pouco de tempo te abandonei, mas agora com grande compaixão, te unirei a mim" (Is 54,6-7)[2]. O segundo faz o movimento inverso ao profeta Oseias: "Já não te chamarão 'Abandonada', nem chamarão à tua terra 'desolação'. [...] Iahweh terá prazer em ti e se desposará com tua terra. Como o jovem desposa a virgem, assim te desposará o teu edificador. Como a alegria do noivo pela noiva tal será a alegria que teu deus sentirá em ti" (Is 62,4-5).

2 Verifique também a passagem: Is 54,1-8

Até aqui, expusemos a beleza da releitura, que faz a interpretação e a atualização do texto da profecia de Oseias. Contudo, a trajetória da parábola vai além! A imagem das núpcias, do noivo e da noiva, chega ao Novo Testamento nos lábios de Jesus de Nazaré. Diante de uma crítica a respeito da prática do jejum por parte dos discípulos, o mestre responde: "Podem os amigos do noivo jejuar enquanto o noivo está com eles? Enquanto o noivo estiver com eles, não podem jejuar" (Mc 2,19).

Então, o autor do Evangelho de João, mais de 50 anos depois, apresenta o bonito sinal realizado por Jesus em Caná. O Senhor, numa festa de casamento, "assume o papel do esposo" (Konings, 2000, p. 195), e oferece abundantemente um vinho (Jo 2,1-11). Isso porque Jesus é realmente o noivo que chegou para celebrar as núpcias como messias, salvador do povo. É por isso mesmo que o grande apóstolo do mundo gentio afirma: "Experimento por vós um ciúme semelhante ao do vosso Deus. Desposei-vos a esposo único, a Cristo, a quem devo apresentar-vos como virgem pura" (2Cr 11,2).

Essa dinâmica também aparece nas releituras e reinterpretações de textos do Antigo Testamento nos escritos do Novo Testamento. Nas narrativas da infância de Jesus apresentadas nos dois primeiros capítulos do Evangelho segundo Mateus, por exemplo, faz-se a repetição de fórmulas como: "para que se cumprisse a Escritura" (Mt 1,22; 2,5.15.18.23). Dessa maneira, o narrador do texto reúne o gênero da releitura e reinterpretação de um texto bíblico – o *midrash*; mostrando também que há complementariedade entre o Antigo e o Novo Testamentos.

Portanto, fazer a leitura do texto bíblico é também reviver aquela Palavra do passado, mas que chega até a atualidade na exata situação corrente, por meio da dinâmica atualizadora garantida pela tradição que a Palavra mesmo gerou.

6.2 O desenvolvimento da leitura bíblica na história cristã

A leitura bíblica na história cristã passou por diferentes processos. Houve, de fato, um grande esforço para uma interpretação correta e sincera dos textos, não excluindo os problemas que surgiram ao longo dos anos, partindo de interpretações erradas e manipulação dos textos. Exporemos, nesta seção, um pouco desse processo.

Começamos pela chamada ***leitura inocente*** dos textos bíblicos. Os estudiosos atuais falam das leituras dos antigos exegetas[3] como uma leitura um tanto ingênua. E qual seria o motivo dessa visão a respeito de tal leitura? O que os estudiosos mencionam é que não se colocava em dúvida nada do texto ou que os fatos e as palavras narradas não eram questionados. O importante para os estudiosos dessa época era ver o que o texto bíblico significava para eles e no contexto no qual eles estavam inseridos (Koningns, 2000).

Contudo, ler os textos sob essa ótica conduziu a uma **dogmatização** da leitura dos textos bíblicos. Os teólogos, então, passaram a buscar nos textos argumentações que condenassem aqueles que pensavam contra os dogmas, os adversários da Igreja, deixando de lado, na leitura da Palavra de Deus, "a prática da vida e da comunidade" (Konings, 2000, p. 197).

Além disso, a partir do século V, a interpretação passou a ter traços de linhas jurídicas da vida cristã, colocando a interpretação ética da Bíblia num patamar muito parecido com aquele legalismo tão combatido por Jesus de Nazaré. Assim, perdia-se o sentido original do texto, o que desencadeou uma leitura "problematizada e problemática, sempre

3 Pessoas que se dedicam ao estudo minucioso dos textos bíblicos.

mais reclusa no estreito círculo dos clérigos [...] Lia-se na Bíblia o que já se tinha na cabeça, fruto de discussões escolásticas e de moralismo casuísta" (Konings, 2000, p. 197). A intenção primeira era a de fazer as narrativas dizerem aquilo que interessava aos estudiosos da Bíblia para enfrentar seus rivais, e não para iluminar a vida!

Por isso, considerar o conjunto de texto, pretexto e contexto das narrativas é tão importante, para que não seja perdido o essencial – a mensagem de vida, que é para todos, para a comunidade. É a mensagem cuja "verdade e beleza a torna capaz de falar a pessoas em todas as épocas e culturas" (Brown; Schneiders, 2011, p. 1131).

Em resposta àquelas pessoas que faziam leituras manipuladoras dos textos bíblicos, servindo-se deles para fundamentar interesses próprios, surgiu um processo de questionamento das interpretações da Sagrada Escritura chamado de *crítica*. Trata-se de uma leitura a partir dos textos originais e do sentido literal deles. Assim, adotou-se uma atitude de análise em lugar de uma postura inocente diante das narrativas. Criaram-se, assim, os métodos de investigação dos textos bíblicos.

6.3 Métodos de leitura bíblica

Os métodos da leitura bíblica envolvem a análise investigativa dos textos, definindo determinado objetivo a ser alcançado a fim de responder a perguntas e critérios próprios da investigação. As possíveis metodologias aplicadas aos estudos dos textos bíblicos proporcionam ao investigador maior clareza das características de um texto, bem como da história e dos condicionamentos próprios desse material escrito; além disso, auxiliam o pesquisador a desfazer confusões ou interpretações alienadas e manipuladoras dos textos. Claro, considerando o caráter introdutório desta obra, não mencionaremos aqui todas os métodos de análise de um texto bíblico, tampouco esgotaremos as possíveis abordagens bíblicas[4].

Quanto à terminologia *método*, seguiremos a compreensão da Pontifícia Comissão Bíblica (2010, p. 36): "conjunto de procedimentos científicos colocados em ação para explicar um texto".

Iniciamos apresentando o **método histórico-crítico**, considerado legítimo e fundamental no trabalho de interpretação dos textos bíblicos. Essa metodologia interpretativa teve início na Antiguidade, foi se desenvolvendo ao longo dos tempos e tem sido aprimorada até os dias de hoje. Não detalharemos a história do método, mas é importante destacar que, no decorrer dos séculos, essa forma de investigação bíblica foi aprimorada incorporando várias descobertas, que também enfrentaram resistência dos estudiosos adeptos desse método contra uma leitura alegórica dos textos bíblicos. Entre tais descobertas estão:

- o estudo das línguas bíblicas antigas (hebraico, aramaico, grego);
- a invenção da imprensa;
- a revelação de que os textos derivavam de mais de uma fonte;
- o conhecimento histórico arqueológico do século XIX, que possibilitou reconhecer as influências de outras culturas nos Escritos Sagrados, como a egípcia, a assíria e a babilônica; pesquisas recentes que revelaram nos achados dos manuscritos do Mar Morto, descoberta que foi essencial tanto para o estudo dos textos do Antigo Testamento como para a história do judaísmo antigo e a origem dos textos do Novo Testamento (Pontifícia Comissão Bíblica, 2010).

Com todas essas descobertas, ficou clara a importância de uma leitura crítica dos textos bíblicos na busca de se compreender o objetivo de autores e redatores, o que leva a um melhor entendimento do verdadeiro sentido do texto.

4 Se você deseja um aprofundamento no assunto, recomendamos buscar um manual exegético. Para um estudo exegético da Bíblia, indicamos Lima (2014) e Wegner (2009).

Esse método científico se chama *histórico* porque estuda textos antigos, localizando-os no contexto temporal de produção. Assim, pretende identificar os autores, especificando quem eram os destinatários tanto do texto original quanto das redações posteriores. É *crítica* porque utiliza critérios científicos para estudar as características históricas e literárias de um texto, empregando, para isso, os diversos estilos da crítica literária. Por fim, é *analítico* porque confere ao leitor a possibilidade de entender o conteúdo da Revelação expressa de maneira humana na Sagrada Escritura (Pontifícia Comissão Bíblica, 2010).

O método histórico-crítico possibilitou à Igreja uma maneira muito positiva e nova de acesso aos textos bíblicos. Esse método confirmou a Bíblia como uma coleção de escritos produzida por vários autores, considerou os contextos históricos desses escritos, percebeu que os textos bíblicos foram compostos a partir de uma diversidade de gêneros literários e "contribuiu para a produção de obras de exegese e de terminologia bíblica de grande valor" (Pontifícia Comissão Bíblica, 2010, p. 44).

Contudo, ainda que essa metodologia seja importantíssima, ela também apresenta limitações, já que nela não se esgotam todos os aspectos de um escrito.

A exegese[5] conta, atualmente, com outras metodologias para a interpretação bíblica, que procuram aprofundar diferentes aspectos dos textos. Segue uma breve apresentação desses métodos. Ressaltamos que este material de estudo não pretende aprofundar as metodologias ou diferentes abordagens da interpretação bíblica, mas apresentar as possibilidades ao leitor e levá-lo a perceber a riqueza inerente aos estudos da Sagrada Escritura, além da importância de se considerar as características dos textos em análise. Conhecer as metodologias que auxiliam na interpretação da Bíblia conduz o leitor do texto sagrado a se

5 Estudo sistemático e minucioso dos textos bíblicos.

posicionar com discernimento perante leituras fechadas e fundamentalistas. O objetivo final dessa apresentação é que o leitor bíblico possa reconhecer a mensagem divina que perpassa toda a Sagrada Escritura e por ela ser guiado em sua vida, na dimensão tanto pessoal quanto comunitária. Mais do que isso, desejamos que o leitor viva a vida consciente de que todos são filhos e filhas de Deus, partilhando um sentimento fraterno com toda a humanidade.

Nessa esteira, destacamos o método da **crítica textual** do texto bíblico, que visa reconstituir a forma original de um texto na ocasião de publicação. Sabemos que os livros que compõem a Bíblia chegaram até a atualidade graças a um um trabalho de cópias transcritas a partir de outras cópias. Nesse processo de transcrição, os textos sofreram, muitas vezes, modificações intencionais ou não por parte dos redatores. Na crítica textual, compara-se um texto com outro mais antigo, identificando as variações. O propósito é verificar se há confiabilidade entre as cópias e se, de alguma forma, elas precisam de correção. Assim, o empenho da crítica está na reconstrução de um texto bíblicos na sua "forma mais confiável" (Konings, 2000, p. 198).

A **crítica histórica** é outra forma de análise de texto, a qual surgiu para superar aquelas leituras alienadas e carregadas de interesses dogmáticos dos documentos bíblicos. A finalidade desse método está na reconstrução e na objetividade histórica dos textos, quando, é claro, há essa possibilidade. A dificuldade dessa análise está na condição literária em que a Bíblia foi escrita: ela não é um livro de história, embora ela conte, sim, a história da formação de um povo e sua experiência com Deus. A Bíblia, segundo Konings (2000, p. 200), é "um depoimento de experiência religiosa multifacetada, expressa em diversos gêneros literários".

A pergunta que direciona a crítica histórica está relacionada, então, à veracidade dos fatos narrados. O intuito é verificar se tais palavras narradas foram um dia, de fato, pronunciadas naquela ocasião; se o que é narrado nos livros que compõem a Sagrada Escritura aconteceu verdadeiramente; ou se a narrativa tem relação com a história concreta dos fatos e eventos nela noticiados.

Entre as vantagens que a crítica histórica proporciona, está a compreensão de que, de fato, os textos bíblicos manifestam a Revelação de Deus a um povo que se encontrava em uma situação histórica específica e real. Esse método também leva em consideração o contexto original do texto em vista do sentido primeiro, anulando qualquer pretensão de leitura seletiva do significado com finalidade de manipulação. A crítica realizada por essa análise permite um melhor entendimento da diversidade e da pluralidade de posições assumidas no texto sagrado, ajuda na compreensão da Bíblia com um livro que expressa a fé, diferenciando o evento histórico em si do evento que, com o objetivo de expressar uma verdade da fé, se reveste da forma histórica (Konings, 2000).

A **crítica literária** é um método investigativo dos textos bíblicos que tem como propósito investigativo identificar, com base na conjuntura, estilo e destinatários de um texto, o que o autor pretendia transmitir ao redigir esse material. A importância desse tipo de estudo se faz notar, por exemplo, na descoberta de que muitos livros da Bíblia foram produzidos por mais de um autor em períodos diversos e que, justamente por esse motivo, veiculam pensamentos contrários. Tal crítica ainda possibilitou a compreensão a respeito dos materiais que têm uma autoria fictícia e a percepção de que tipo de documento se trata, por exemplo, a assim chamada *Epístola aos Hebreus*. Hoje sabemos que o texto de Hebreus não se encaixa no gênero carta (epístola) e provavelmente não tem como autor o apóstolo Paulo. E mais, talvez ela não seja direcionada, de fato, aos hebreus[6].

6 Sobre a questão da autoria da *Epístola aos Hebreus* e outras questões, o leitor pode encontrar informações nos comentários bíblicos atuais.

Para chegar às suas conclusões, a crítica literária parte de perguntas a respeito do autor de um texto, do gênero e do estilo que foram utilizados em sua construção do material, como "onde" e "para quem" o texto foi escrito (Konings, 2000).

Outro modo de análise de textos bíblicos é a **crítica da forma**, metodologia que verifica as características linguísticas de um texto; pois, quando alguém se expressa pela oralidade ou pela escrita, sempre se vale de uma forma determinada para fazê-lo. Essas formas são consequentes, na maioria das vezes, de fatores determinantes à linguagem do texto, como: o momento e a situação em que ela foi formulada; a intenção de quem a utilizou; o público para o qual essa linguagem foi dirigida; e o contexto dos destinatários do texto. Alguns exemplos de formas diversas de linguagem escrita podem ser encontrados no jornal: manchetes, editoriais, notícias, classificados etc. (Lima, 2014).

Outro método de análise, a **crítica da redação**, investiga o texto com a finalidade de determinar a ocasião em que foi escrito e as intervenções redacionais que pode ter sofrido, além de buscar compreender os aspectos teológicos e culturais que influenciaram essas possíveis intervenções (Lima, 2014).

O método da **análise retórica** busca analisar os artifícios oratórios dos textos bíblicos a fim de compreender a eficácia da linguagem textual e a consequência que ela gera no contexto social em que é comunicada. Aliás, esse método considera que a mensagem bíblica é um discurso religioso que convence; por isso, tenta compreender o impacto desse texto, que engloba "um dinamismo de argumentação e uma estratégia retórica" (Pontifícia Comissão Bíblica, 2010, p. 49).

A análise retórica é aplicada, de maneira especial, aos textos neotestamentários. Isso porque os autores do Novo Testamento têm por objetivo, além da intenção de comunicar a mensagem de Jesus Cristo, convencer os leitores da verdade transmitida. Eles o fazem utilizando da linguagem e de procedimentos conhecidos por eles naquele momento específico, no caso, a retórica greco-latina (Pontifícia Comissão Bíblica, 2010).

Além disso, a análise retórica é também uma leitura sincrônica do texto: toma um texto na forma atual "e o considera do ponto de vista da intenção do autor, do efeito conjunto que produz e da maneira como seria percebido por uma audiência de contemporâneos seus" (Caro, 2011a, p. 271). Tal leitura apresenta quatro passos:

1. delimita-se a unidade retórica;
2. determina-se o contexto retórico;
3. analisa-se a organização do texto, como subdivisões, interrelações e outros;
4. avalia-se toda a unidade do texto a fim de perceber até "que ponto se aceitou o caráter retórico do texto e as implicações que isso tem no orador e na audiência" (Caro, 2011a).

A **análise narrativa** é mais uma forma de investigação muito utilizada no estudo dos textos bíblicos, visto que grande número deles é de natureza narrativa, constituindo relatos. Ela estuda como a história é contada a fim de envolver o leitor no 'mundo do relato' e seu sistema" (Pontifícia Comissão Bíblica, 2010, p. 42). A maior contribuição desse método está na facilitação que proporciona à compreensão do texto para o leitor e a consequência desse alcance para a vida pastoral.

A **análise semiótica**, por meio do exame da estrutura e da organização de um texto, busca detectar o sentido mais amplo do material, aquele que existe para além do objetivo do autor. Para esse método, o valor fundamental do texto está nas diversas releituras e interpretações que ele possibilita, consequentes da "reserva de sentido" (Wegner, 2009, p. 16).

A **crítica das tradições** busca conhecer de maneira mais ampla os dados culturais, as concepções religiosas, as ideias, enfim, a estrutura do pensamento presente nos textos. Nessa metodologia dos estudos bíblicos, desenvolver a crítica da tradição de um texto não significa considerá-lo em seu conjunto próprio, composto por vários versículos, mas definir os "motivos e ideias avulsas, vinculadas muitas vezes a uma única palavra ou expressão dentro do texto" (Wegner, 2009, p. 245).

O estudo da tradição dos textos focaliza na questão da memória da comunidade, como no caso do povo de Israel, que rememorava suas origens e fazia de sua memória paradigmas úteis nas circunstâncias difíceis que enfrentaram. Desse modo, cresciam na vida de fé, experiência sempre com reflexos na vida concreta do povo.

O estudo da tradição tem a vantagem de permitir compreender que no seio do povo de Israel existiu uma cultura muito importante que nasceu no Reino do Norte, e que também se verifica no Reino do Sul. Podemos citar uma tradição vinculada ao Templo de Jerusalém e outras vinculadas aos grupos camponeses. Sob essa ótica, demonstrou-se que o tema da Aliança não remonta os tempos mais antigos de Israel, mas trata-se de herança trazida pelo livro do Deuteronômio, um material mais recente na vida daquele povo, posterior ao exílio da Babilônia.

Devemos, porém, esclarecer que esse tipo de análise da tradição apresenta uma limitação, a qual reside no desconhecimento de significados de símbolos, representações, expressões e costumes da época em que os textos foram publicados.

Por fim, referimos a **crítica estilística** dos textos bíblicos, método que considera a singularidade do estilo de cada um dos autores dos materiais. Assim, a crítica literária colabora na compreensão do sentido de um texto, estudando-o a partir da perspectiva do sincronismo, considerando o material sonoro do texto, como o ritmo, os paralelismos, as repetições e outras características de um escrito.

Os métodos que se situam no campo da exegese bíblica apontam dois caminhos para o estudante da Bíblia: (1) alguns desses métodos acentuam o sentido original de um escrito e oferecem o alcance ao leitor imediato, daquele momento no qual o texto foi escrito (exegese); (2) outros sublinham a força de alcance do texto para os dias atuais, (hermenêutica). Antes de continuarmos, é preciso esclarecer um pouco mais a respeito desses dois termos importantíssimos no campo dos estudos bíblicos.

A palavra *exegese*, do grego *exegemai*, significa "conduzir para fora de, guiar, tirar de, desenvolver, explicar" (Caro, 2011a, p. 218). Geralmente, a definição de exegese constante nos dicionários a relaciona a um comentário para o esclarecimento e a detalhada interpretação de uma palavra ou de um texto. Ao se tratar de exegese bíblica, o termo define "o trabalho de explicação ou interpretação de um ou mais textos bíblicos" (Wegner, 2016, p. 21).

Wegner (2016) explica que esse trabalho de exegese como interpretação de um texto tem uma característica bem específica, tratando-se de um trabalho científico, aprofundado e detalhado para a compreensão da Sagrada Escritura.

Em sua origem, a palavra *hermenêutica*, do verbo grego *hermeneuein*, significa "traduzir", "declarar", "esclarecer", "explicar" (Caro, 2011a, p. 217). Na Antiguidade, era a "ciência ou a arte da interpretação" (Caro, 2011a, p. 217) – com um significado semelhante ao de exegese mesmo. Por meio da hermenêutica, era possível estabelecer uma ligação entre as tradições antigas, que por vezes já tinham se tornado incompreensíveis, e a cultura de um momento histórico que desejava conservar tais tradições.

Como, então, diferenciar esses dois trabalhos de interpretação de textos bíblicos? Segundo Wegner (2016, p. 21-22), "a hermenêutica bíblica designa mais particularmente os princípios que regem a interpretação dos textos; a exegese descreve mais especificamente as etapas ou os passos que cabe dar em sua interpretação".

Desse modo, definimos exegese como a **explicação** de um texto e hermenêutica como a **interpretação** de um texto. Continuaremos no campo da interpretação bíblica e na capacidade que o texto tem em si mesmo de falar às novas circunstâncias, na seção a seguir.

6.4 Abordagens de leitura bíblica

Como já mencionamos, as metodologias de estudo da Bíblia que observamos anteriormente não esgotam a capacidade que a Palavra escrita tem de comunicar. Por isso, contamos, além delas, com uma grande diversidade de abordagens ou leituras que auxiliam na interpretação da Bíblia, complementando essas metodologias.

6.4.1 A abordagens que interpretam os textos bíblicos com base na tradição

As abordagens baseadas na tradição acentuam a compreensão da Bíblia como um "composto de testemunhos de uma mesma e grande tradição" (Pontifícia Comissão Bíblica, 2010, p. 58). Sob essa perspectiva se encontram: a abordagem canônica, a abordagem com recursos às tradições judaicas de interpretação, a abordagem histórica dos efeitos do texto.

A **abordagem canônica** da Bíblia faz uma leitura interpretativa que considera cada um dos livros que compõem a Sagrada Escritura no sentido único do desígnio divino nela revelado. Desse modo, relaciona um texto ou um livro com a Bíblia no seu todo. Nessa perspectiva, podemos diferenciar duas abordagens canônicas:

1. vertente que dedica maior atenção na forma final de um escrito ou, melhor dizendo, na sua "forma canônica final" (Pontifícia Comissão Bíblica, 2010, p. 59), quando ele é acolhido pela Igreja com autoridade tanto para exprimir a fé como para dirigir a vida daquele que crê;
2. corrente que se concentra nas etapas de desenvolvimento que deu origem ao cânon bíblico no interior da comunidade dos fiéis, onde se acolheu um texto empreendendo-o já como autoridade normativa, ou seja, se atém ao "processo canônico ou desenvolvimento progressivo das Escrituras" (Pontifícia Comissão Bíblica, 2010, p 59).

Outra possiblidade de leitura é a **abordagem com recursos às tradições judaicas de interpretação**. Segundo essa visão, valoriza-se o fato de a tradição judaica se encontrar desde o início na interpretação das Escrituras. As descobertas recentes constataram o esforço do judaísmo dos últimos séculos antes da era cristã no que toca à interpretação da Bíblia, entendida pelos cristãos como Antigo Testamento. A tradução da Bíblia hebraica para a língua grega, a Septuaginta, em si, é uma interpretação dos textos sagrados. Lembremos que o cânon grego é o conjunto de livros que correspondem ao Antigo Testamento para os cristãos. Aliás, a comunidade cristã e sua tradição, posteriormente fixada nos livros do Novo Testamento, tiveram origem nesse mundo de ideias e interpretações. Contudo, embora essa abordagem auxilie muito na leitura interpretativa, tanto do Antigo quanto do Novo Testamento, há uma diferença radical entre a compreensão das comunidades judaica e cristã, já que esta última parte da interpretação da Bíblia está sob a luz de Jesus Cristo (Pontifícia Comissão Bíblica, 2010).

A **abordagem histórica dos efeitos do texto** se desenvolve com base em duas convicções:

1. um escrito apenas pode se tornar obra literária se encontra leitores que dele se apropriem;
2. essa apropriação de um escrito, seja por uma pessoa, seja por uma comunidade, contribui para o entendimento do mesmo escrito.

Essa possiblidade de leitura interpretativa dos textos bíblicos surgiu do interesse dos estudiosos na relação dinâmica que se estabelece entre um texto e seu leitor, provocando neste último uma resposta (Pontifícia Comissão Bíblica, 2010).

6.4.2 Abordagens pautadas nas ciências humanas

A comunicação da Palavra de Deus aconteceu dentro da história da humanidade, portanto, no interior da vida de grupos humanos, experimentando e assimilando seus condicionamentos humanos. Sendo assim, as ciências humanas auxiliam na compreensão de certos aspectos presentes nos textos bíblicos.

A **abordagem sociológica** da Sagrada Escritura possibilita que sejam notados os fatores sociais que influenciam na "configuração dos textos bíblicos e em seu próprio conteúdo" (Caro, 2011a, p. 259). Essa abordagem possibilita conhecer mais a respeito do desenvolvimento histórico-social dos primórdios do cristianismo e os efeitos que a fé religiosa tem na sociedade. Dessa maneira, ajuda o leitor do texto a compreender as estruturas daquele mundo específico.

Obviamente, nos estudos sociológicos, é difícil que o pesquisador se aparte de um ponto de vista ideológico. Pensar que as narrativas sagradas podem ser interpretadas de forma isenta de algum conceito preestabelecido é fazer uma leitura um tanto ingênua dos textos. Nesse campo de pesquisa, o intérprete pode se aproximar de duas orientações consideradas as mais importantes.

1. **Exegese sociológica** – Busca interpretar os fatos, os conflitos, os processos e mesmo um livro em sua totalidade com base nas condições sociológicas. Um bom exercício desse método é a determinação de uma oposição entre classes ou grupos nas origens do povo de Israel. Por exemplo: "o modelo da oposição campo-cidade, camponeses-classes urbanas explica as origens de Israel melhor que a visão tradicional da imigração de um povo nômade" (Caro, 2011a, p. 259).
2. **Exegese sócio-histórica** – Fundamenta a compreensão dos textos bíblicos nas "circunstâncias sociais e históricas" desses materiais (Caro, 2011a, p. 260). Essa análise relaciona o texto a seu contexto real, tanto no que se refere ao redator quanto ao que diz respeito ao público para o qual é dirigida a obra. Assim, fatores econômicos, sociais e políticos são considerados como influenciadores diretos da narrativa e sua mensagem. Por exemplo, identificada a conjuntura do Jesus histórico e seu papel nela, é possível atualizar o posicionamento de Jesus hoje, lutando para superar os obstáculos que ele enfrentou para cumprir a vontade de Deus, a justiça divina.

Esses métodos "supõem uma ampliação das perspectivas dos métodos histórico-críticos, previnem-nos contra uma interpretação demasiadamente idealista e espiritual dos textos e nos abrem em muitas ocasiões perspectivas insuspeitas" (Caro, 2011a, p. 261).

A abordagem **antropológica cultural** dos textos bíblicos é outra possibilidade na perspectiva das ciências humanas. Essa abordagem tem interesse nos aspectos da cultura humana refletidos na linguagem, na arte, na religião, nas festas, nas danças, nos mitos, nas lendas e em tudo o que se refere à cultura material de um povo, no caso, do povo da Bíblia.

Na interpretação dos textos, essa perspectiva auxilia no conhecimento, por exemplo, do lugar que a mulher ocupava na sociedade de Israel, na compreensão da influência dos rituais agrários e outros. Tal abordagem é de grande ajuda, por exemplo, na compreensão das parábolas contadas por Jesus. Ela permite discernir aqueles elementos que são permanentes na mensagem bíblica, cujo essencial está na natureza humana, e as determinações eventuais, dependentes de culturas específicas (Pontifícia Comissão Bíblica, 2010).

A **abordagem psicológica e psicanalítica** representou grande contribuição à interpretação bíblica, possibilitando a compreensão dos textos bíblicos como experiências e princípios de comportamento. Nesse caso, a psicologia e a psicanálise examinam os impulsos e as estruturas da vida do ser humano, ajuda a decifrar linguagem humana da Revelação bíblica, bem como auxilia na intepretação da mensagem simbólica dos textos.

6.4.3 Abordagem contextual do material bíblico

A leitura contextual da Bíblia surgiu da necessidade de buscar na Sagrada Escritura caminhos para as preocupações e os problemas contemporâneos.

A **abordagem da libertação** consiste numa reflexão crítica a respeito da Palavra de Deus, acolhida na fé. Corresponde a um processo libertador um tanto complexo que envolve a vida humana em suas várias dimensões, promovendo, assim, libertação nos níveis:

econômico, aquele da dependência e da miséria; humano, aquele da escravidão e da opressão; cristão, aquele do pecado que é raiz última de toda e qualquer injustiça e escravidão (Caro, 2011a, p. 261).

Dessa maneira, tal abordagem apresenta uma leitura bíblica que abrange a situação integral da pessoa humana. E, justamente, por esse motivo, essa abordagem não se pretende apenas uma reflexão de conceitos e especulações bíblicas, mas posiciona-se como protagonista de um processo de transformação da sociedade.

Quanto à temática da libertação, ela se consolidou no início dos anos 1970, extrapolando o contexto econômico, político e social, a partir de outros dois grandes acontecimentos do interior da Igreja: o Concílio Vaticano II e a segunda assembleia plenária do Conselho Episcopal Latino-Americano (Celam), que contribuiu com ensinamentos para as necessidades do contexto regional da América Latina (Pontifícia Comissão Bíblica, 2010).

Importante!

Nas bases da **teologia da libertação** está a situação atual de injustiça na América Latina, na condição de evento coletivo que provoca a fé cristã e pede a ela uma resposta, uma ação. Dessa maneira, podemos entender que uma das características dessa teologia implica uma "uma interpretação encaminhada para uma práxis transformadora: se lê para viver e transformar, para orientar a ação. Este é o 'para onde' da interpretação bíblica, que, por sua vez, incide na leitura da Bíblia" (Caro, 2011a, p. 262).

Ao comentar a teologia da libertação, Fitzmyer (1997) explica que a origem da teologia da libertação está para além do contexto circunstancial latino-americano. O nascimento dessa abordagem está no "*aggiornamento* da Igreja no Concílio Vaticano II" (Fitzmyer, 1997, p. 61) e que, ao lado da abordagem feminista da Bíblia, está sendo chamada de "exegese advocatícia" (Fitzmyer 1997, p. 61), pelo fato de se tratar de uma interpretação que pretende ser apoio às transformações sociais e religiosas necessárias ao contexto atual da vida humana.

Essa leitura busca nos textos bíblicos alimento para a fé do povo e orientação diante das diversidades nos âmbitos político e sociocultural contemporâneos. Segundo Fitzmyer (1997), o intuito dessa abordagem é buscar nos textos bíblicos uma luz para iluminar e sustentar as lutas e as esperanças do povo que crê. De fato, o amor e a justiça, tão necessários para a vida humana, é definido como vontade de Deus não só para todos os seres humanos, mas para toda a Criação.

A Pontifícia Comissão Bíblica (2010), ao declarar o tipo de interpretação dos textos sagrados que adota, explica que a leitura bíblica desenvolvida pela teologia da libertação não encontra satisfação na interpretação objetiva que se concentra no contexto original de um texto. A teologia da libertação procura, antes, uma leitura que se aplique à situação do povo na atualidade. Sobre a realidade de um povo ou de uma sociedade pode recair a iluminação e a direção da Palavra de Deus para uma autêntica práxis cristã, que, por ser exatamente autêntica, tem a capacidade de transformar a sociedade. Assim, "na fé, a escritura se transforma em fator de dinamismo de libertação integral" (Pontifícia Comissão Biblia, 2010, p. 75).

A abordagem da libertação tem sido muito discutida, sendo, por vezes, mal-compreendida, sendo, por outras, acentuada em demasiado. Por essa razão, vale a pena conhecer também os princípios que a regem, de acordo com Pontifícia Comissão Bíblica (2010).

Deus se faz presente na história de seu povo com o fito de salvá-lo. Deus não admite qualquer tipo de injustiça ou opressão. "Ele é o Deus dos pobres" (Pontifícia Comissão Bíblica, 2010, p. 76).

É por esse motivo que a exegese bíblica não deve ser neutra. Não obstante, ela deve se colocar ao lado dos pobres no que concerne ao seguimento de Deus, e seu engajamento está na luta em prol da libertação de todos os oprimidos. É a participação nessa luta que mostra os sentidos presentes nas passagens bíblicas que, de fato, apenas são encontrados quando tais textos são lidos num contexto efetivamente solidário com os oprimidos.

Preste atenção!

"Como o processo de libertação dos oprimidos é um processo coletivo, a comunidade dos pobres é a melhor destinatária para receber a Bíblia como palavra de libertação" (Pontifícia Comissão Bíblica, 2010, p. 76). Acrescentamos que os textos bíblicos foram escritos não para uma pessoa em específico, mas para uma comunidade. Logo, a comunidade é o lugar por excelência da leitura bíblica e para onde tal leitura é dirigida. E mais, a atualização da Palavra de Deus é possibilitada pelos elementos que lhe são fundamentais: os eventos do Êxodo do Egito, a paixão, a morte e a ressurreição de Jesus Cristo são acontecimentos históricos que suscitam novas intervenções históricas.

> A teologia da libertação compreende elementos cujo valor é indubitável: o sentido profundo da presença de Deus que salva; a insistência sobre a dimensão comunitária da fé; a urgência de uma práxis libertadora enraizada na justiça e no amor, uma releitura bíblica que procura fazer da Palavra de Deus a luz e o alimento do povo de Deus em meio a suas lutas e suas esperanças. Assim é sublinhada a plena atualidade do texto inspirado. (Pontifícia Comissão Bíblica, 2010, p. 76-77)

Como qualquer outra leitura, a teologia da libertação apresenta limitações. Na interpretação bíblica feita a partir da ótica da libertação, deve-se evitar fazer leituras unilaterais ou seletivas das narrativas bíblicas, considerando todas as possíveis mensagens. Não se pode, igualmente, prescindir das dimensões da transcendência da qual a Sagrada Escritura é portadora. Também é desaconselhável se restringir a uma escatologia de perspectiva terrestre. Outra fragilidade da teologia da libertação está relacionada a algumas das correntes dessa abordagem que insistem em analisar os textos sagrados sob uma perspectiva materialista ou sob uma ótica marxista.

De fato, o Reino de Deus, que ainda não se encontra pleno, já teve início na encarnação e no ministério de Jesus de Nazaré. Enquanto a humanidade caminha, é justo perceber e agir para que aquela vida em abundância desejada e instaraurada pelo Cristo chegue a todos os seres humanos, comunidade de irmãs e irmãos, atingindo-os na dimensão integral de suas vidas. E, como toda leitura e interpretação humana, deve-se primar pela maturidade que só o Espírito Santo pode conceder a cada pessoa.

A **abordagem feminista** da interpretação bíblica surgiu nos Estados Unidos no final do século XIX, no contexto específico do encontro entre dois movimentos: (1) a luta pelos direitos e pela emancipação da mulher; e (2) a pesquisa bíblica. A esta última acrescentamos o desejo que havia nas mulheres biblistas em aprofundar os estudos e demonstrar que também elas tinham muito a contribuir para a hermenêutica bíblica (Parmentier, 2009).

A produção do texto *The Woman's Bible*, em dois volumes, é um marco dessa abordagem. Entretanto, foi a partir dos anos 1970 que a abordagem feminista teve um grande desenvolvimento em conexão com o movimento de emancipação da mulher, especialmente na América do Norte (Pontifícia Comissão Bíblica, 2010).

Importante!

A leitura interpretativa feminista da Bíblia compreende uma gama diversa de abordagens. Não obstante, sua unidade está em seu tema basilar, a mulher; e seu objetivo corresponde à emancipação da mulher e à conquista pela igualdade de direitos (Pontifícia Comissão Bíblica, 2010).

As correntes fundamentais dessa abordagem de leitura da Sagrada Escritura são:

1. forma radical da abordagem feminista, que nega qualquer autoridade da Bíblia, já que a compreende como um produto masculino com finalidade de dominação das mulheres;
2. vertente neo-ortodoxa, que admite a Bíblia como profecia, reconhecendo ainda que a Escritura se coloca do lado dos vulneráveis, portanto, também da mulher;
3. corrente crítica, que emprega uma metodologia sutil para redescobrir o lugar e o papel da mulher como discípula de Jesus e no início do cristianismo, lugar e protagonismo que ficaram escondidos tanto no Novo Testamento quanto no desenvolvimento da Igreja Cristã, que foi dominada pelas posturas do patriarcalismo e do androcentrismo (Pontifícia Comissão Bíblica, 2010).

Embora a abordagem feminista não tenha elaborado algo novo no que se refere à metodologia da interpretação bíblica, ela contribuiu com dois critérios para investigação dos textos.

1. **Critério feminista** – Extraído do movimento de emancipação da mulher, pode ser relacionado ao movimento da teologia da libertação, sob o ponto de vista da suspeita investigativa. Partindo do pressuposto de que os textos bíblicos foram produzidos por homens,

os quais, referindo-se ao cristianismo primitivo, eram vencedores clericais, deve-se olhar para a Sagrada Escritura procurando vestígios livres de seus preconceitos.

2. **Critério sociológico** – Fundamenta-se no estudo das sociedades dos diversos períodos bíblicos, da sedimentação social e da posição ocupada pela mulher (Pontifícia Comissão Bíblica, 2010).

Caro (2011a) explica que uma leitura feminista da Escritura não se caracteriza por definir o papel que a mulher tem nesses textos, dando ênfase aos traços feministas da Bíblia – essa tarefa, inclusive, o homem também pode fazer. Antes, a leitura feminista se caracteriza mais precisamente por uma leitura da Escritura pautada pela compreensão da posição da mulher no interior da sociedade patriarcal. O autor completa, mencionando a movimentação da abordagem feministas em dois polos:

1. da insistência necessária para que tanto a teologia quanto a tradição bíblica, como as Igrejas cristãs, revejam as atitudes equivocadas que têm como consequência o pecado estrutural de um patriarcado resistente e racista, que permite e legitima, no decorrer dos séculos, "a violência e a exploração da mulher" (Caro, 2011a, p. 273);
2. de uma corrente que entende que existe a necessidade, no prosseguimento da vida cristã, de demonstrar que tanto a fé quanto a tradição bíblica e a Igreja não são, em essência, de maneira intrínseca, nem sexista, nem racista.

Seja como for, a discussão da abordagem feminista segue aberta e sendo promotora de diálogos que podem transformar certos pontos de vista.

Como, então, se posicionar, diante da diversidade de leituras bíblicas, na condição de leitor que busca maiores conhecimentos? É possível, ao leitor, analisar cada uma das abordagens a fim de identificar o que elas têm de mais interessante e original e, amadurecer como pessoa de fé dentro do conjunto muito maior que é a Igreja. Afinal, da mesma forma que são várias as possibilidades de leitura dos textos bíblicos, existem no corpo místico da Igreja diversas pastorais e movimentos, os quais igualmente apresentam limitações e condicionamentos que não condizem com a mensagem revelada. O que fazer diante dessa realidade? Colher o que há de melhor e colaborar no crescimento de cada uma das pessoas que fazem parte da comunidade cristã! Pois é em meio à diversidade que se vive a comunhão!

Por fim, destacamos a **abordagem popular** da Bíblia, muito importante para a Igreja da América Latina. Essa leitura é uma prática realizada nas Comunidades Eclesiais de Base (CEBs), que estão inseridas "em meios populares na América Latina, que procuram resgatar o sentido histórico e espiritual original da Bíblia, a partir da experiência da presença e Revelação de Deus no mundo dos pobres e em função do discernimento e comunicação da Palavra de Deus" (Richard, 1988, p. 8). Apesar de ter origem nas CEBs, a prática de leitura popular pode ser feita em qualquer meio comunitário.

Importante!

Nessa abordagem, a Sagrada Escritura não é um texto estranho, distante ou uma sabedoria que só poderia ser alcançada pelo clero, por doutores e outros. A interpretação bíblica popular nasce de uma nova experiência de ser Igreja: numa atitude pastoral que abraça os mais vulneráveis.

A interpretação da Bíblia produzida pela leitura popular leva as pessoas ao "engajamento na luta contra a injustiça e a opressão, [...] o povo das comunidades que luta concretamente pela libertação dos oprimidos descobre a Bíblia a história de um povo igual a eles mesmos e descobre em Deus um 'parceiro de luta'" (Mesters, 1986, p. 36).

6.4.4 A leitura fundamentalista da Bíblia

Para clarificarmos a **leitura fundamentalista** da Bíblia,temos de explicar como ela funciona. Trata-se de uma abordagem que desconsidera a origem histórica da Sagrada Escritura, ignora o processo no qual se desenvolveu um texto bíblico, assim como a forma literária e os métodos científicos que colaboram na interpretação desses textos. Além disso, a leitura fundamentalista da Sagrada Escritura não admite a possibilidade de qualquer ambiguidade no escrito bíblico.

Esse tipo de leitura surgiu na época da Reforma em consequência de uma interpretação alegórica dos textos bíblicos no fim do período medieval. Entretanto, posterior ao Iluminismo, essa forma interpretativa de textos ganhou formalidade no protestantismo, como uma resposta à abordagem liberal do século XIX, ao darwinismo e ao progresso científico da biologia e da geologia (Pontifícia Comissão Bíblica, 2010).

No ano de 1985, um congresso bíblico de exegetas protestantes realizado nos Estados Unidos determinou cinco temas do fundamentalismo bíblico: "a inerrância verbal da Escritura, a divindade de Cristo, seu nascimento virginal, a doutrina da expiação vicária e a ressurreição corporal, quando da segunda vinda de Cristo" (Pontifícia Comissão Bíblica, 2010, p. 83).

Todavia, o fundamentalismo no processo de leitura bíblica não se restringiu aos Estados Unidos. Rapidamente, ele se propagou para a Europa, para a África, para a Ásia e para América do Sul, dando origem a outros tipos de abordagens de cunho literalista. Atualmente, a leitura fundamentalista tem crescido também no meio católico (Pontifícia Comissão Bíblica, 2010).

A intenção dessa forma de leitura pode ser legítima, no sentido de preservar verdades da fé cristã. Contudo, sua ideologia extremista não permite questionamentos ou críticas à Bíblia (Fitzmyer, 1997).

A interpretação fundamentalista acentua uma compreensão de que os textos, uma vez inspirados, não admitem a expressão do Espírito Santo em linguagem humana, muito menos que se apresente alguma limitação dessa linguagem nas Escrituras. De acordo com essa corrente, a Revelação se concretizou como um ditado feito pelo Espírito, sendo o autor humano meramente um escriba da mensagem sagrada. Um exemplo desse ponto de vista alienado da história e da ciência é a crença, fiel e inquestionável, de que as narrativas da Criação, apresentadas no livro do Gênesis, são um dado de fato. Descarta-se, assim, a possibilidade de esses textos mostrarem uma profundidade de sentido da verdade da Criação humana, mas que respondem às questões fundamentais da existência por meio de um gênero que é singular.

Além disso, a interpretação fundamentalista da Bíblia não admite o caráter histórico da Revelação, o que se torna um sério problema, pois essa postura a impossibilita de aceitar, de maneira plena, a verdade da encarnação; não admite as considerações sobre as limitações e os condicionamentos dos autores humanos; não acredita no pensamento humano que aparece nos textos bíblicos, rejeitando, assim, as marcas históricas de um texto (Pontifícia Comissão Bíblica, 2010).

As concepções já ultrapassadas, mas aceitas pelo fundamentalismo, impedem qualquer diálogo entre ciência, cultura e fé. Esse tipo de leitura se apoia, inclusive, em determinadas passagens bíblicas com o objetivo de legitimar posturas políticas e sociais preconceituosas e racistas (Pontifícia Comissão Bíblica, 2010).

Entre as concepções ultrapassadas e as práticas inadequadas desse tipo de leitura dos textos bíblicos, destacamos o interesse de validar ações que não condizem com a verdade do Evangelho. Citaremos aqui como exemplo de leitura fundamentalista um trecho da Carta aos romanos que se refere à obediência a toda autoridade: "cada um se submeta às autoridades constituídas, pois não há autoridade que não venha de Deus, e as que existem foram estabelecidas por Deus" (Rm 13,1).

Para analisar essa passagem, é preciso ter claro qual era a realidade daquela comunidade a quem Paulo se dirige e as circunstâncias que a envolvem. O conselho de Paulo aos romanos é muito apropriado para um documento dirigido à capital de Roma. A realidade da comunidade de Roma nesse período, entre os anos 57 e 58 d.C., era de obediência ao novo imperador, Nero. O antecessor, Cláudio, havia expulsado os judeus da capital. Numa atitude de bom relacionamento, as instruções paulinas são bem-vindas, além de evidenciar que o grupo cristão do local seria um modelo aos cidadãos. Desse modo, legitimar um poder humano por meio da Escritura é fazer uma leitura sem contextualizá-la.

A Bíblia retoma a questão da autoridade humana sob outro viés, no livro do Apocalipse, escrito em um período em que o contexto é bem diferente da carta de Paulo. A conjuntura do final do século I nas comunidades cristãs é de perseguição e abusos por parte do imperador romano. Assim, "não se justifica absolutizar a admoestação de Paulo como se fosse a visão neotestamentária aplicável às autoridades governamentais de todos os tempos" (Brown, 2012, p. 753).

Ao perceber que no interior do Livro Sagrado a interpretação da vontade de Deus considera o contexto no qual as comunidades estão inseridas, fazer a leitura de textos, como os exemplos das passagens da carta Paulo e do livro do Apocalipse, de maneira fundamentalista não condiz com a verdade da mensagem bíblica, que é viva e atual.

Desse modo, estudar e buscar o sentido dos textos bíblicos de maneira fundamentalista é fazer uma leitura literalista dos textos, o que é difere de perceber o sentido literal desses materiais. Assim como nos ensina a Pontifícia Comissão Bíblica (2010, p. 94):

> Não é suficiente traduzir um texto palavra por palavra para obter seu sentido literal. É preciso compreendê-lo segundo as convenções literárias da época. Quando um texto é metafórico, seu sentido literal não é aquele que resulta imediatamente do palavra por palavra (por exemplo: "Tende os rins cingidos", Lc 12,35), mas aquele que corresponde ao uso metafórico dos termos ("Tende uma atitude de disponibilidades"). Quando se trata de um relato, o sentido literal não comporta necessariamente a afirmação de que os fatos contados tenham efetivamente acontecido, pois um relato pode não pertencer ao gênero histórico, mas ser uma obra de imaginação.

O que esses exemplos ensinam? Que há textos que podem ser lidos e interpretados literalmente, e que outros não podem sê-lo. Além disso, para os cristãos, a leitura e as interpretações dos textos têm seu centro no próprio Cristo e no Evangelho.

Como exemplo de um texto que deve ser lido e interpretado palavra por palavra, exatamente como constam, citamos o seguinte trecho do Evangelho segundo Mateus: "Amarás ao próximo como a ti mesmo" (Mt22,39)[7]. Outro exemplo se verifica no novo mandamento com o evangelista João: "Dou-vos um mandamento novo: que vos ameis uns aos outros. Como eu vos amei, amai-vos também uns aos outros. Nisso reconhecerão todos que sois meus discípulos se tiverdes amor uns pelos outros" (Jo 13,34-35).

Outro problema concernente à limitação da leitura fundamentalista está na adesão desse tipo de leitura ao princípio de considerar "somente a Escritura" (Fitzmyer, 1997, p. 68), desprezando a tradição

7 Conferir também o texto do livro de Levítico 19,18.

autêntica bíblica, que nasceu e se desenvolveu conduzida pelo Espírito Santo, no interior da comunidade cristã.

Com essa exposição, ficam evidentes os perigos consequentes de tal intepretação. Ao considerar os textos bíblicos inerrantes, o fundamentalismo comete o equívoco de tornar histórico aquele evento ou fato bíblico que jamais teve essa pretensão. Agindo assim, a leitura fundamentalista desconsidera qualquer sentido simbólico ou figurativo de um texto. Além disso, ela nega a possibilidade de releituras de certos escritos no interior mesmo da Bíblia (Pontifícia Comissão Bíblica, 2010).

Outro exemplo do problema da não abertura às ciências e metodologias da exegese bíblica, refere-se ao modo de compreender as narrativas evangélicas, ignorando a progressão em etapas até a redação final dos textos. Desse modo, a leitura fundamentalista não considera uma relação essencial: o efeito do impacto de Jesus e sua mensagem sobre as primeiras comunidades cristãs.

Embora a leitura fundamentalista ou literal da Escritura tenha surgido no meio protestante, chegou também ao meio católico, não sendo poucos os grupos na Igreja que têm valorizado esse tipo de leitura. Esse fato pode ser fruto da procura, na Bíblia, por respostas prontas e imediatas aos possíveis problemas das pessoas, livrando-as de questionamentos e pensamentos críticos, os quais, na verdade, só auxiliam os indivíduos a crescerem na compreensão da mensagem pela Bíblia comunicada.

Há, ainda, correntes fundamentalistas que fazem uma leitura dualista, separando sagrado e profano, esquecendo-se que Deus agiu e salvou exatamente na história humana e pela história humana (Jo 3,16).

O Concílio Vaticano II expressa a necessidade do cuidado e a importância da leitura dos textos sagrados por todos os fiéis. Um cuidado e uma preocupação que incentiva que na Igreja se "estabeleçam traduções do texto sagrado com as explicações necessárias e suficientes, para que os filhos da Igreja utilizem a Sagrada Escritura com segurança e sejam imbuídos de seu espírito" (DV, n. 25).

Síntese

Neste capítulo, demonstramos que ler a Sagrada Escritura é se colocar numa postura de escuta e reconhecer a autoridade da mensagem bíblica, mas é também entrar numa verdadeira conversa com Deus. Afinal, a Palavra escrita contém a revelação do amor de Deus pela humanidade.

Explicitamos também que na Bíblia há leituras e releituras dos textos, o que possibilita dar a um evento um novo sentido, permitindo a atualização desses materiais.

Comentamos que na Igreja sempre houve cuidado no que se refere à interpretação da Bíblia, considerados, claro, os limites humanos. Assim, relatamos que, no decorrer dos séculos, a Igreja, em determinados momentos, fez leituras inadequadas dos textos, como a chamada *leitura inocente*; em outros momentos, quando buscou na Sagrada Escritura fundamentos para argumentações contra adversários, abriu espaço para a dogmatização da Palavra de Deus e realizou leituras legalistas da Bíblia. Entretanto, foi a Igreja, com sua preocupação e responsabilidade sobre os textos sagrados, que passou a considerar todas as particularidades de um texto bíblico e a se abrir à crítica da leitura bíblica e aos métodos científicos que auxiliam nesse processo de conhecimento.

Verificamos que o método histórico-crítico é essencial para a leitura interpretativa da Bíblia, porém não é suficiente. Várias formas de análises críticas e abordagens modernas dos Escritos Sagrados colaboram na sincera busca do sentido da mensagem bíblica.

Por fim, citamos o contexto e os motivos que levaram ao surgimento da leitura fundamentalista da Bíblia, assim como os perigos que esse tipo de leitura representa. Além disso, mencionamos que ela ainda é utilizada, mesmo diante da concepção moderna dos textos bíblicos.

Enfim, este capítulo nos conduziu por um caminho histórico do desenvolvimento da compreensão e interpretação da Sagrada Escritura.

Atividades de autoavaliação

1. A respeito da leitura e da interpretação bíblica, leia com atenção as afirmativas a seguir:
   I. A leitura das Escrituras Sagradas é como uma conversa entre o ser humano e Deus; pois a Palavra escrita contém a Revelação de Deus em seu pleno amor na decisão de se manifestar à humanidade.
   II. Ler as Escrituras é como ter um diálogo. Há, no texto bíblico, exemplos de que a Palavra de Deus é uma conversa, como quando Deus fala a Moisés numa conversa que parece muito íntima, narrada em Êxodo 33,11.
   III. Para que as pessoas falem com Deus, os textos bíblicos ensinam que é imprescindível que elas se coloquem numa postura de escravos.
   IV. Deus fala às pessoas por meio da Bíblia de maneira exclusiva sobre o passado. Como o Livro Sagrado é constituído de textos muito antigos, ele não tem nada a dizer à humanidade hoje.

   Estão corretas as sentenças:
   a) I e II.
   b) I e III.

c) II e IV.
d) I, II e IV.
e) I, III e IV.

2. No livro do profeta Oseias, há uma parábola que denuncia a infidelidade do Reino do Norte, que aderiu ao culto aos baais (Os 4,1.12). Por volta de 120 anos mais tarde, o profeta Jeremias atualiza as palavras proferidas na parábola de Oseias para o Reino de Judá (Jr 2,2.5;3,1). Aproximadamente 25 anos depois, o profeta Ezequiel resgata a parábola do profeta Oseias e faz eco, igualmente, à interpretação de Jeremias que menciona os dois reinos, Judá e Israel, e constrói uma alegoria histórica para os exilados na Babilônia, perguntando-se o que significaria aquela parábola de Oseias para o momento de então.

   Sobre esse processo de retomar um tema ou uma circunstância passada, atualizando-a para o tempo presente do autor sagrado, assinale a afirmativa correta:
   a) O processo de releitura é uma atividade que se restringe a fazer cópias de textos sagrados, pois nada se acrescenta no decorrer do tempo a respeito da vontade de Deus.
   b) Muitas vezes os autores sagrados retomam leituras passadas, reformulando-as ou acrescentando um dado novo com o objetivo de ensinar, atualizando aquele sentido antigo para o contexto atualizado, num processo de releitura dos textos sagrados.
   c) Os profetas, como Ezequiel e Jeremias, buscavam oráculos de futuro para falar ao povo o que iria acontecer com Israel depois de 500 anos de sua presença no meio do povo e, para isso, partiam da leitura da profecia de Oseias.

d) Fazer a leitura do texto bíblico é também reviver aquela palavra do passado, mesmo que não seja possível a atualização dessa mensagem.
e) Na história de Israel, os autores sagrados fazem comparações entre os textos que eles escrevem e os textos mais antigos para evitar releituras.

3. A respeito da leitura bíblica, leia com atenção as afirmativas a seguir e assinale V para as verdadeiras e F para as falsas:
( ) A chamada *leitura ingênua* da Bíblia fazia uma leitura na qual não se colocava em dúvida nada do texto e os fatos e as palavras narradas não eram questionados. O importante era a atualização da narrativa, considerando-a apenas com o sentido atualizado.
( ) A leitura inocente dos textos bíblicos é entendida pela Igreja como a mais correta e deve ser considerada assim pelos exegetas e estudiosos da Bíblia.
( ) Para ler um texto bíblico, é preciso considerar o texto, o pretexto e o contexto das narrativas, algo importante para que não seja perdido o essencial: a mensagem de vida que é para todos, para a comunidade.
( ) A maneira correta de ler os textos bíblicos é aquela que tem como intenção primeira fazer as narrativas dizerem aquilo que interessa às pessoas para enfrentar os rivais, e não para iluminar a vida.

Agora, assinale a alternativa que representa a sequência correta:
a) F, V, F, V.
b) V, V, F, V.
c) V, V, F, F.
d) F, F, V, F.

e) V, F, V, F.

4. Método que tem como objetivo reconstituir a forma original de um texto na ocasião de publicação, que percebe o processo de transcrição que os textos sofreram como modificações intencionais ou não por parte dos redatores, e que faz comparações entre um texto e outro mais antigo, identificando as variações. O objetivo é verificar se há confiabilidade nas cópias atualmente conhecidas e se, de alguma forma, elas precisam de correção. Assim, o empenho desse método está na reconstrução de um texto bíblico na sua forma mais confiável. Estamos nos referindo a qual método de investigação bíblica?
   a) A crítica das formas de um texto bíblico.
   b) A análise semiótica do texto bíblico.
   c) A crítica textual do texto bíblico.
   d) A crítica das tradições do texto bíblico.
   e) A crítica estilística do texto bíblico.

5. A respeito da leitura fundamentalista da Bíblia leia as afirmações a seguir:
   I. Acentua uma compreensão de que os textos, uma vez inspirados, não admitem a expressão do Espírito Santo em linguagem humana, muito menos que se aponte alguma limitação dessa linguagem nas Escrituras.
   II. Admite o caráter histórico da Revelação, já que aceita, de maneira plena, a verdade da encarnação, assim como as considerações sobre as limitações e condicionamentos dos autores humanos.
   III. Não admite o caráter histórico da Revelação, o que se torna um sério problema, pois essa postura a impossibilita de aceitar, de maneira plena, a verdade da encarnação.

IV. As concepções já ultrapassadas aceitas pelo fundamentalismo impedem qualquer diálogo entre ciência, cultura e fé.

Estão corretas as afirmações:

a) I, III e IV.
b) I, II e IV.
c) I, II, e III.
d) I e IV.
e) II, III e IV.

Atividades de aprendizagem

Questões para reflexão

1. Ler a Sagrada Escritura é também escutá-la e reconhecer a autoridade da mensagem divina. É ter a possibilidade de entrar em diálogo com Deus, que comunica seu amor à humanidade. Em sua leitura da Bíblia, você percebe essa dinâmica do diálogo? E quanto à dimensão comunitária da Palavra de Deus? Você a compreende? E tem buscado promovê-la?

2. Após reler a seção 6.2, sobre o desenvolvimento da leitura bíblica na história cristã, reflita sobre as formas de se fazer uma leitura correta e sincera dos textos sagrados.

Atividade aplicada: prática

1. Com base nas informações apresentadas neste capítulo sobre a leitura fundamentalista da Bíblia e seus perigos, forneça exemplos desse tipo de leitura nas comunidades de que você participa.

Considerações finais

Ao longo deste livro, buscamos oferecer a você, leitor, uma abordagem consistente a respeito da Sagrada Escritura. Os textos que compõem a Bíblia transmitem o que foi, em primeiro lugar, uma experiência de encontro de Deus e um povo.

O conhecimento da realidade desse povo da Bíblia, das características e dos processos históricos pelos quais ele passou, contribuem para uma maior clareza da mensagem bíblica, permitindo a você aplicar esse conhecimento de maneira coerente em seu trabalho, seja ele pastoral, seja de pesquisa.

O destaque dado aqui à linguagem bíblica e aos temas da Revelação e inspiração divina permitem a reflexão e a abertura para o diálogo dentro e fora do espaço religioso. Também o tema da formação do cânon corrobora para o diálogo ecumênico, já que enfatizamos o trabalho de busca e responsabilidade das comunidades de fé (judaica, cristã, protestante) em relação aos textos sagrados e sua respectiva mensagem.

A abertura ao diálogo ecumênico e interreligioso envolve o entendimento, evidenciado neste material, de que Bíblia leva até as pessoas a influência de outros povos e crenças.

Ainda que muitos e importantes assuntos tenham sido comentados nesta obra, deve estar claro que este material consiste em uma introdução a grandes temas da Sagrada Escritura , que podem e devem ser aprofundados por meio de leituras, pesquisas, discussões e produções teológicas.

Por fim, com sentimento fraterno, ressaltamos que a vida do pesquisador da Bíblia é complementação da vida de fé! A experiência pessoal de Deus que cada indivíduo tem é que o ilumina e o torna teólogo.

Particularmente, desejamos que o estudo da Bíblia seja para você fascinante e provocador e que transforme sua vida a cada nova aprendizagem.

Referências

ARTOLA, A. M. A Bíblia, Palavra de Deus. In: ARTOLA, A. M.; CARO, J. M. S. **A Bíblia e a Palavra de Deus**. 3. ed. Tradução de Alceu Luiz Orso. São Paulo: Ave-Maria, 2011, p. 21-49.

ARTUSO, V. **Pentateuco e livros históricos**. Curitiba: InterSaberes, 2018.

ARTUSO, V.; CATENASSI, F. Z. Tolerância e intolerância no Antigo Testamento. In: PERONDI, I.; PAULO NETO, A. **Intolerância e tolerância religiosa**: análise e perspectivas. São Paulo: Fons Sapientiae, 2017. p. 13-32.

BARRERA, J. T. **A Bíblia judaica e a Bíblia cristã**: introdução à história da Bíblia. 2. ed. Petrópolis: Vozes, 1999.

BARRERA, J. T.; CARO, J. M. S. In: ECHERGARY, J. G. et al. **A Bíblia e seu contexto**. 2. ed. São Paulo: Ave Maria, 2000. p. 409-548.

BÍBLIA. Português. **Bíblia Católica do Jovem**. São Paulo: Ave-Maria, 2012.

BÍBLIA. Português. **Bíblia de Jerusalém**. 3. ed. rev. e amp. São Paulo: Paulus, 2004.

BROWN, R. E. **Introdução ao Novo Testamento**. 2. ed. São Paulo: Paulinas, 2012.

BROWN, R. E.; COLLINS, R. F. Canonicidade. In: BROWN, R. E.; FITZMYER, J. A.; MURPHY, R. E. (Ed.). **Novo comentário bíblico São Jerônimo**: Novo Testamento e artigos sistemáticos. Santo André: Academia Cristã; São Paulo: Paulus, 2011. p. 907-946.

BROWN, R. E.; JOHNSON, D. W.; O'CONNELL, K. G. Textos e versões. In: BROWN, R. E.; FITZMYER, J. A.; MURPHY, R. E. (Ed.). **Novo comentário bíblico São Jerônimo**: Novo Testamento e artigos sistemáticos. Santo André: Academia Cristã; São Paulo: Paulus, 2011. p. 1001-1059.

BROWN, R. E.; NORTH, R. Geografia bíblica. In: BROWN, R. E.; FITZMYER, J. A.; MURPHY, R. E. (Ed.). **Novo comentário bíblico São Jerônimo**: Novo Testamento e artigos sistemáticos. Santo André: Academia Cristã; São Paulo: Paulus, 2011. p. 1175-1215.

BROWN, R. E.; SCHNEIDERS, S. M. Hermenêutica. In: BROWN, R. E.; FITZMYER, J. A.; MURPHY, R. E. (Ed.). **Novo comentário bíblico São Jerônimo**: Novo Testamento e artigos sistemáticos. Santo André: Academia Cristã; São Paulo: Paulus, 2011. p. 1123-1160.

CAMPBELL, A. F.; FLANAGAN, J. W. 1 e 2 Samuel. In: BROWN, R. E.; FITZMYER, J. A.; MURPHY, R. E. (Ed.). **Novo comentário bíblico São Jerônimo**: Antigo Testamento. Santo André: Academia Cristã; São Paulo: Paulus, 2013. p. 319-345.

CARO, J. M. S. Hermenêutica bíblica e metodologia exegética. In: ARTOLA, A. M.; CARO, J. M. S. **A Bíblia e a Palavra de Deus**. 3. ed. Tradução de Alceu Luiz Orso. São Paulo: Ave-Maria, 2011a. p. 213-381.

CARO, J. M. S. O Cânon da Bíblia. In: ARTOLA, A. M.; CARO, J. M. S. **A Bíblia e a Palavra de Deus**. 3. ed. Tradução de Alceu Luiz Orso. São Paulo: Ave-Maria, 2011b. p. 51-117.

CATENASSI, F. Z. **Bíblia**: introdução teológica e história de Israel. Curitiba: InterSaberes, 2018.

CLIFFORD, R. J; MURPHY, R. E. Gênesis. In: BROWN, R. E.; FTZMYER, J. A.; MURPHY, R. E. (Ed.). **Novo comentário bíblico São Jerônimo**: Antigo Testamento. Santo André: Academia Cristã; São Paulo: Paulus, 2013, p. 59-127.

CONCÍLIO ECUMÊNICO VATICANO II. Dei Verbum. In: CONCÍLIO ECUMÊNICO VATICANO II. **Vaticano II**: mensagens, discursos, documentos. 2. ed. São Paulo: Paulinas, 2007. p. 345-358.

DI LELLA, A. A. Eclesiástico (Sirácida). In: BROWN, R. E; FTZMYER, J. A. MURPHY, R. E. (Ed.). **Novo comentário bíblico São Jerônimo**: Antigo Testamento. Santo André: Academia Cristã; São Paulo: Paulus, 2013. p. 979-1004.

ECHERGARY, J. G. Geografia e arqueologia bíblicas. In: ECHERGARY, J. G. et al. **A Bíblia e seu contexto**. 2. ed. São Paulo: Ave Maria, 2000. p. 17-110.

FITZMYER, J. A. **A Bíblia na Igreja**. São Paulo: Loyola, 1997.

FLANAGAN, N. M. João. In: BERGANT, D.; KARRIS, R. J. (Org.). **Comentário bíblico**: Evangelhos e Atos, Cartas, Apocalipse. São Paulo: Loyola, 1999. p. 109-141. 3 v.

IDÍGORAS, J. L. **Vocabulário teológico para a América Latina**. São Paulo: Paulinas, 1983.

KARRIS, R. J. O Evangelho segundo Lucas. In: BROWN, R. E.; FTZMYER, J. A.; MURPHY, R. E. (Ed.). **Novo comentário bíblico São Jerônimo**: Antigo Testamento. Santo André: Academia Cristã; São Paulo: Paulus, 2011, p. 217-308.

KONINGS, J. **A Bíblia nas suas origens e hoje**. 3. ed. Petrópolis: Vozes, 2000.

LIMA, M. L. C. **Exegese bíblica**: teoria e prática. São Paulo: Paulinas, 2014.

LOHSE, E. **Contexto e ambiente do Novo Testamento**. Tradução de Hans Jörg Wutter. 2. ed. São Paulo: Paulinas, 2004. (Coleção Bíblia e história).

MANNUCCI, V. **Bíblia, palavra de Deus**: curso de introdução à Sagrada Escritura. 4. ed. São Paulo: Paulus, 2008.

MCCARTHY, D. J.; MURPHY, R. E. Oséias. In: BROWN, R. E.; FTZMYER, J. A.; MURPHY, R. E. (Ed.). **Novo comentário bíblico São Jerônimo**: Antigo Testamento. Santo André: Academia Cristã; São Paulo: Paulus, 2013. p. 451- 472.

MCCREESH, T. P. Provérbios. In: BROWN, R. E.; FTZMYER, J. A.; MURPHY, R. E. (Ed.). **Novo comentário bíblico São Jerônimo**: Antigo Testamento. Santo André: Academia Cristã; São Paulo: Paulus, 2013. p. 896-911.

MCKENZIE, J. L. Aspectos do pensamento do Antigo Testamento. In: BROWN, R. E.; FTZMYER, J. A.; MURPHY, R. E. (Ed.). **Novo comentário bíblico São**

Jerônimo: Antigo Testamento. Santo André: Academia Cristã; São Paulo: Paulus, 2011. p. 1387-1448.

MCKENZIE, J. L. **Dicionário bíblico**. Sâo Paulo: Paulinas, 1983.

MESTERS, C. **Flor sem defesa**: uma explicação da Bíblia a partir do povo. 3. ed. Petrópolis: Vozes, 1986.

MESTERS, C.; OROFINO, F. **Apocalipse de São João**: a teimosia da fé dos pequenos. Petrópolis: Vozes, 2003.

MURPHY, R. E. Introdução ao Pentateuco. In: BROWN, R. E.; FTZMYER, J. A.; MURPHY, R. E. (Ed.). **Novo comentário bíblico São Jerônimo**: Antigo Testamento. Santo André: Academia Cristã; São Paulo: Paulus, 2013. p. 49-57.

PAGOLA, J. A. **Jesus**: aproximação histórica. 6. ed. Petrópolis: Vozes, 2013.

PARMENTIER, E. **A escritura viva**: interpretações cristãs da Bíblia. São Paulo: Loyola, 2009. (Coleção Bíblica Loyola, n. 55).

PONTIFÍCIA COMISSÃO BÍBLICA. **A interpretação da Bíblia na Igreja**. 9. ed. São Paulo: Paulinas, 2010. (Coleção A voz do Papa, n. 134).

PONTIFÍCIA COMISSÃO BÍBLICA. **Inspiração e verdade da Sagrada Escritura**: a Palavra que vem de Deus e fala para a salvação do mundo. São Paulo: Paulinas, 2014. (Coleção Documentos da Igreja, n. 33).

RICHARD, P. Leitura popular da Bíblia na América Latina (hermenêutica da libertação). **Revista de Interpretação Bíblica Latino-Americana (RIBLA)**, São Paulo, n. 1, p. 8-25, 1998.

SAB – Serviço de Animação Bíblica. **O povo da Bíblia narra suas origens**. 8. ed. São Paulo: Paulinas, 2012. (Coleção Bíblia em Comunidade; Série Visão Global, v. 3).

SAB – Serviço de Animação Bíblica. **Terras bíblicas**: encontro de Deus com a humanidade. 10. ed. São Paulo: Paulinas, 2013. (Coleção Bíblia em Comunidade; Série Visão Global, v. 2).

SICRE, J. L. **Introdução ao Antigo Testamento**. 2. ed. Petrópolis: Vozes, 1994.

SIMÕES, C. A. **Evangelhos Sinóticos e Atos dos Apóstolos**. Curitiba: InterSaberes, 2017.

WEGNER, U. **Exegese do Novo Testamento**: manual de metodologia. 8. ed. São Leopoldo: Sinodal; Faculdades Est, 2016.

WEGNER, U. **Exegese do Novo Testamento**: manual de metodologia. São Leopoldo: Sinodal, 2009.

WRIGHT, A. G. et. al. História de Israel. In: BROWN, R. E.; FTZMYER, J. A.; MURPHY, R. E. (Ed.). **Novo comentário bíblico São Jerônimo**: Antigo Testamento. Santo André: Academia Cristã; São Paulo: Paulus, 2011. p. 1263-1327.

ZENGER, E. Os livros da Sabedoria. In: ZENGER, E. et al. **Introdução ao Antigo Testamento**. São Paulo: Loyola, 2003. p. 284-366.

Bibliografia comentada

ARTUSO, V. **Pentateuco e livros históricos**. Curitiba: InterSaberes, 2018.

Para um bom conhecimento do Pentateuco e dos livros históricos, indicamos a leitura desse livro de Vicente Artuso, um trabalho caracterizado por uma linguagem fácil e dinâmica. Além de abordar os temas teológicos desse conjunto de textos e sua significação no todo da Sagrada Escritura, a obra articula-se com a atualidade e convida o leitor a refletir. Consideramos uma obra excelente.

BÍBLIA. Português. **Bíblia de Jerusalém**. São Paulo: Paulus, 2002.

Para um estudante da Bíblia, é fundamental o acesso a uma boa tradução bíblica. A Bíblia de Jerusalém é sempre uma das traduções mais indicadas para estudos. Ela oferece uma introdução para cada bloco de livros bíblicos, como, por exemplo, no caso do Pentateuco, explicações sobre conteúdo, divisão, composição literária, sentido religioso etc. Os textos ainda são acompanhados de notas de rodapé com contextualizações históricas e esclarecimentos sobre o sentido do texto ou de determinada palavra, além de outras particularidades que auxiliam na compreensão e na pesquisa.

BÍBLIA. Português. **Bíblia Católica do Jovem**. São Paulo: Ave-Maria, 2012.

Essa tradução da Ave-Maria afasta-se da linguagem empregada no original, já que é um texto direcionado aos jovens. Contudo, o fato de essa edição abordar o contexto histórico da história da salvação, destacar as informações no interior de cada um dos livros bíblicos, conter caixas de diálogos, explicações, atualizações e a perspectiva católica sobre vários assuntos a torna muito interessante para o conhecimento e a conexão do estudioso entre o mundo bíblico e o atual.

BROWN, R. E.; FITZMYER, J. A.; MURPHY, R. E. (Ed.). **Novo comentário bíblico São Jerônimo**: Novo Testamento e artigos sistemáticos. Santo André: Academia Cristã; São Paulo: Paulus, 2011.

Esse comentário bíblico, além de ser um ótimo material para pesquisa, já que contém comentários a respeito de cada um dos livros do Novo Testamento, aborda temas importantes ao estudante, pesquisador e professor da área bíblica, como: a inspiração, a canonicidade, os textos apócrifos, a crítica moderna do Antigo e do Novo Testamento, a hermenêutica, os pronunciamentos da Igreja, a geografia e a arqueologia bíblica, a história de Israel, as instituições religiosas de Israel, a teologia paulina e a teologia joanina etc.

BROWN, R. E.; FITZMYER, J. A.; MURPHY, R. E. (Ed.). **Novo comentário bíblico São Jerônimo**: Antigo Testamento. Santo André: Academia Cristã; São Paulo: Paulus, 2013.

Essa obra é um comentário sobre todo o Antigo Testamento produzido por especialistas católicos. Os diversos autores apresentam uma introdução de cada livro comentado, contexto, datação, informações sobre a estrutura do livro. Unido ao comentário do Novo Testamento, trata-se de um ótimo material para conhecimento e pesquisa.

CATENASSI, F. Z. **Bíblia**: introdução teológica e história de Israel. Curitiba: InterSaberes, 2018.

A obra de Fabrizio Zandonadi Catenassi oferece uma excelente exposição sobre a interpretação bíblica na história da Igreja. Também aborda o cânon bíblico. Além disso, é uma obra interessantíssima quanto à apresentação da história de Israel, desde a origem como povo até o período dos macabeus, contemplando o desenvolvimento da história do povo eleito até os primórdios da era cristã.

CONCÍLIO ECUMÊNICO VATICANO II. **Vaticano II**: mensagens, discursos, documentos. 2. ed. São Paulo: Paulinas, 2007.

É imprescindível para um estudante de Sagrada Escritura católica a leitura e a reflexão da constituição dogmática *Dei Verbum*. Por isso, indicamos para sua biblioteca particular esse compêndio do Concílio Vaticano II que reúne todas as mensagens, os discursos, as constituições, os decretos e as declarações apontadas pela Igreja Católica Apostólica Romana nessa assembleia.

KONINGS, J. **A Bíblia nas suas origens e hoje**. 3. ed. Petrópolis: Vozes, 2000.

A obra de Johan Konings é indicada para se iniciar um estudo sobre a Bíblia. Com linguagem acessível, ainda que se refira a uma diversidade de temas de forma breve, a obra aborda questões essenciais como as diferenças entre as bíblias judaica, católica e protestante; apresenta ao leitor a terra do povo da Bíblia, sua dimensão, clima; faz uma síntese da história de Israel e da literatura do povo da Bíblia; comenta a literatura do Novo Testamento. Além disso, o autor apresenta as diferentes formas de leitura e metodologia de estudos bíblicos.

MANNUCCI, V. **Bíblia, Palavra de Deus**: curso de introdução à Sagrada Escritura. 4. ed. São Paulo: Paulus, 2008.

Trata-se de um material de grande relevância para os estudiosos da área. Nele, o autor aborda grande variedade de assuntos importantes, abrangendo: a Palavra de Deus que se oferece em linguagem humana; desenvolve a importante temática da Revelação divina; oferece quatro capítulos sobre a transmissão da Palavra de Deus e como ela se dá na dinâmica da tradição religiosa; expõe a temática da inspiração dos textos bíblicos e como a Igreja compreende o escritor sagrado; apresenta a histórica do cânon bíblico no judaísmo, no cristianismo e no protestantismo; conclui com a história da interpretação da Bíblia na vida da Igreja.

Respostas

Capítulo 1

1. b
2. d
3. d
4. d
5. c

Capítulo 2

1. b
2. d
3. d
4. c
5. a

Capítulo 3

1. c
2. b
3. a
4. e
5. b

Capítulo 4

1. d
2. b
3. b
4. a
5. d

Capítulo 5

1. a
2. c
3. d
4. a
5. b

Capítulo 6

1. a
2. b
3. d
4. c
5. a

Sobre a autora

Cristina Aleixo Simões é graduada e mestre em Teologia pela Pontifícia Universidade Católica do Paraná (PUCPR). Atua como docente, com experiência na área bíblica. É assessora de cursos bíblicos para a formação pastoral na Arquidiocese de Londrina. É conteudista da disciplina Evangelhos Sinóticos e Atos dos Apóstolos do curso de EaD em Teologia Católica do Centro Universitário Internacional Uninter e produtora de material didático na área de teologia bíblica, além de coordenadora e docente no curso de pós-graduação em Teologia Bíblica do Instituto de Educação, Cultura e Humanidades (Insech) e Faculdade Vicentina (Favi).

Impressão:
Setembro/2020